Créez ou aménagez votre maison

FENG SHUI

Les 10 étapes clés du changement

À propos du feng shui, chez le même éditeur :

Leçons approfondies de Feng Shui, Origines et principes fondamentaux, Ewa Wong

Leçons approfondies de Feng Shui, Applications pratiques, Ewa Wong

Feng Shui, Harmoniser votre espace intérieur et extérieur, Zaihong Shen

100 façons de libérer et purifier votre espace pour un Feng Shui bénéfique, Mary Lambert

ISBN : 978-2-7029-0655-2

MAQUETTE > **AGENCE TWAPIMOA** (PARIS)

www.editions-tredaniel.com
info@guytredaniel.fr

Laurence **Dujardin**

Créez ou aménagez votre maison

FENG SHUI

Les 10 étapes clés du changement

PRÉFACE

Alexandra Lamy

Le Courrier du Livre
21 rue de Seine • 75006 Paris

Sommaire

Chapitre 2

Analysez **votre cas** 61

Préface

On a tous vécu au moins une fois l'expérience. Être attiré par une maison ou un appartement plus qu'un autre sans même pouvoir se l'expliquer. Rentrer dans un appartement a priori agréable, plein de lumière, qui remplissait toutes nos exigences, qui réunissait tous nos critères, et pourtant... nous coupons court à la visite. Nous savons déjà que ce n'est pas celui-là. On ne s'y sent tout simplement pas bien. Parfois, même, il se dégage de ce lieu un malaise. On n'a qu'une envie, c'est d'en sortir vite.

Et puis un jour, après maintes visites, on rentre... chez soi. C'est sûr. Ici, nous voyons déjà le lit ; l'endroit où nous nous sommes assis la première fois dans le salon sera la place du canapé. Et cette fois on a du mal à en partir. On ressent comme une énergie positive et on s'imagine très serein et très heureux dans ce nouvel intérieur. Parce qu'il nous correspond tout simplement.

Mais comment l'expliquer autrement que par ses propres ressentis ?

J'ai découvert le feng shui avec Laurence. Par des mots simples, elle m'a aidée à décoder toutes ces impressions venues d'on ne sait où mais auxquelles nous voulons nous fier à tout prix. Pouvoir vivre mieux chez soi, en gérant en toute connaissance de cause le choix d'un lieu, ses couleurs et l'aménagement intérieur. Essayer d'arranger son chez-soi avec la vraie sensation qu'on peut ainsi diriger notre vie pour être mieux.

Être heureux de rentrer chez soi parce que l'on s'y sent bien. Après ses heures de boulot, trouver un lieu où se poser est un plaisir, et cela mérite donc qu'on s'y attarde un peu, pour vivre ensuite le meilleur. Le feng shui peut véritablement nous y aider. Et je remercie Laurence de m'avoir fait prendre conscience que c'était possible.

Alexandra Lamy

Introduction

J'ai découvert le feng shui et cela a changé ma vie. Cette science a très vite constitué pour moi une vraie porte d'entrée sur tout un tas d'autres domaines qui, chacun à leur manière, ont su répondre à bon nombre de mes interrogations. Je vous souhaite en tout cas de vivre un aussi bel état de changement, même s'il oblige à vivre certaines épreuves pas vraiment faciles. C'est toujours pour du beaucoup mieux.

Je suis persuadée que le hasard n'existe pas. Et si vous devez être amené à changer votre vie ou certains de ses aspects, cela se fera grâce au feng shui ou à autre chose de toute façon. La difficulté sera alors d'apprendre à lâcher prise au maximum sur les résultats. Et de ne pas avoir peur de laisser derrière soi ce qu'on a connu. Nous sommes certainement là pour évoluer. Si on peut le faire en conscience, c'est merveilleux. Qui ne se pose aucune question quant à sa vie et à son avenir ? Si ces quelques phrases vous sensibilisent, alors vous êtes prêt à lire la suite et à utiliser le feng shui comme premier outil de changement (avec d'autres peut-être ?).

Je considère ce livre comme le premier livre pratique et simple sur le feng shui, car j'ai été trop souvent déçue par bon nombre d'ouvrages existants. En effet, trop de théories multiples ne font qu'embrouiller nos idées sur le thème, et le but recherché est rarement atteint. Après lecture d'un certain nombre d'entre eux à mes débuts dans cette science, j'y ai rapidement perdu mon latin. J'y ai trouvé des théories qui s'affrontent, totalement contradictoires pour la plupart. Je me suis alors laissé guider par mon instinct et mon intuition vers la théorie qui me paraissait la plus vraisemblable et qui très justement a continuellement fait ses preuves. Techniquement, il s'agit du feng shui occidental, en contradiction avec les théories très asiatiques de l'École des Étoiles filantes ou de l'École de la Boussole. Bien sûr, il existe des points communs, puisqu'il s'agit d'une adaptation du feng shui oriental à notre culture occidentale, mais leur utilisation conjointe est totalement impossible.

Au cours de mon expérience dans ce milieu, je me suis vite rendu compte que peu de personnes savaient réellement définir le feng shui. Quant à l'utiliser, ce ne sont malheureusement pas les nombreux ouvrages présents sur le marché qui y ont aidé. Cela dit, chacun doit faire ses expériences et je ne détiens pas la vérité ni ne prétends la détenir. J'opère juste à mon petit niveau et j'essaye de vous faire profiter, grâce à cet ouvrage, de mon expérience, de mes recherches ayant enfin répondu à bon nombre de mes questions. J'ai ainsi tenté de présenter le feng shui de la manière la plus simple qui soit, et surtout la plus pratique, afin de vous permettre de le tester chez vous. En tout cas, je ne me suis pas contentée de faire un énoncé de théories qui vous auraient rapidement embrouillé. Et j'ai illustré mon livre avec ma propre maison.

J'essayerai de vous faire comprendre dans un premier temps quel peut être l'intérêt de « fengshuiser » son habitation tout en faisant une super décoration. Car le feng shui est avant tout une technique au service de nos aménagements et idées déco, et pas l'inverse, comme c'est trop souvent montré. Il ne s'agit pas de vous faire accrocher des grenouilles ou autres symboles chinois totalement insignifiants pour nous, mais de vous faire prendre conscience de vos difficultés et de votre potentiel, pour que vous alliez enfin dans le sens choisi tout en relookant peut-être votre intérieur ou en faisant construire votre maison comme je l'ai fait moi-même. Pour cela, il vous faudra adopter la bonne attitude, la « feng shui attitude ». Restez avant tout positif et croyez en vos objectifs et rêves de toutes sortes. Le feng shui pourra alors devenir un outil merveilleux et magique qui vous aidera à vous réaliser dans votre nouvelle vie.

Dans un deuxième temps, vous pourrez passer à la pratique et faire le test, qui vous permettra enfin d'éclaircir vos problèmes et vos désirs.

Suivez tranquillement les étapes décrites dans ce livre en retenant les solutions simples et pratiques qui s'offrent à vous, et vous pourrez enfin vous découvrir.

Je vous souhaite un très agréable voyage,
dont vous reviendrez,
j'en suis certaine, transformé.

partie 1

Pourquoi changer et utiliser **le feng shui** dans son habitation ?

CHAP 1

« Fengshuiser » son habitation

Ce qui peut nous y amener et la prise de conscience que nous apporte le feng shui

A / Les épreuves de la vie et un sentiment profond que tout reste à faire

Qui est totalement satisfait de sa vie ? Ou qui n'a pas rencontré d'épreuves tout au long de son parcours, que ce soit au niveau personnel ou professionnel ? Je pense qu'il est très rare d'atteindre la plénitude partout... Pour ma part, c'est un parcours à la fois étonnant, imprévisible et quelquefois très difficile qui m'a amenée à découvrir et à vouloir utiliser le feng shui. C'est alors devenu une révélation. J'ai vraiment eu l'impression très nette d'avoir trouvé ma voie.

Pourtant, j'ai toujours été une personne très pratique, très pragmatique. Élevée par une mère s'intéressant à l'astrologie et « tirant les cartes » et par un père dans les arts martiaux utilisant tout un langage lié à l'énergie, je peux dire que j'ai été à bonne école pour me familiariser avec une certaine manière de penser, un langage technique, des termes qui pour la plupart ne voulaient rien dire pour moi. « Astral », « chakra », « éthérique », « énergie », des mots dont je n'ai jamais compris le sens jusqu'à finalement très peu de temps. Cependant, même si j'ai été initiée à la numérologie et au fait que l'on peut dégager une énergie, cela s'arrêtait là. Mon père a bien essayé de me faire faire des exercices de télépathie toute jeune, mais cela me laissait insensible ; c'était pour moi comme un jeu. Tout cela m'a toujours attirée et en même temps repoussée car, encore une fois, j'ai une nature très pratique et je préfère de loin des actions efficaces à de longs discours. Je suis un peu comme saint Thomas (certainement l'une des raisons pour lesquelles j'ai appelé mon fils Thomas !) : tant que je n'ai pas moi-même expérimenté les choses, il m'est difficile d'y croire.

J'ai donc préféré suivre un parcours plutôt traditionnel. Je me suis dirigée vers la communication, qui m'attirait. J'ai toujours aimé le contact, cela me paraissait donc évident. Cependant, je dois reconnaître que je n'ai jamais été pleinement satisfaite de ce que je faisais. Bien sûr, j'y trouvais un plaisir certain, mais une chose indéfinissable me manquait. Et il m'était absolument impossible de mettre un mot dessus, même de décrire cet état qui m'habitait. Je ressentais un potentiel totalement inexploité, mais lequel ? J'ai donc continué mon chemin avec ce même sentiment. Peut-être était-il tout simplement une pure invention mentale ? Comment savoir ?

Et puis je suis partie en voyage de noces en Australie. J'ai été particulièrement emballée par le pays que je découvrais, des régions totalement extraordinaires dont mon mari et moi étions les seuls à profiter, une vraie nature sauvage qui m'a totalement renversée. De retour de chez les Aborigènes, j'ai eu l'idée de créer mon propre commerce avec ce pays. Une bonne manière d'y retourner régulièrement... Je cherchais les objets les plus créatifs, les plus insolites ou les plus représentatifs à rapporter. J'ai créé la première boutique australienne à Paris. Pendant cette expérience qui a duré près de sept ans, j'ai conçu mes deux enfants (un gars, une fille !) et nous avons déménagé dans une maison charmante dans les Yvelines.

Les vraies épreuves ont alors commencé comme jamais je n'aurais pu l'imaginer. Vous êtes peut-être en train de vous dire : « Mais pourquoi raconte-t-elle tout cela ? J'ai acheté ce livre pour enfin pratiquer le feng shui chez moi et elle nous raconte sa vie ! Quel est l'intérêt ? » En fait, je souhaite vous montrer le cheminement que j'ai suivi et les difficultés qui ont eu un effet déclencheur sur la vie que j'ai aujourd'hui. Certains changent de vie sans avoir vécu de grosses épreuves. D'autres, on le sait, après une grosse maladie ou le décès d'un proche, voient leur existence complètement bouleversée du jour au lendemain. Je crois sincèrement que si l'on doit vivre un vrai changement mais que l'on y reste aveugle, la vie se charge de nous le faire savoir, histoire de nous faire réfléchir absolument. Ce fut mon cas.

Mon expérience a consisté à acquérir cette fameuse maison dans les Yvelines ; je l'ai achetée un soir, bien qu'elle fût un très gros investissement, car elle m'avait attirée comme un aimant. Elle a ensuite apporté son lot de difficultés qui ont touché toute la famille – problèmes d'argent, de couple, de travail. Tout a sérieusement été bousculé. C'était pourtant une maison vraiment charmante. Je ne rentrerai pas dans les détails, ce n'est pas l'objet de ce livre ; je dirais simplement que des difficultés diverses et variées m'ont amenée progressivement à découvrir le feng shui et à l'utiliser dans cette maison, qui en avait particulièrement besoin. Elle a constitué un vrai laboratoire où j'ai pu expérimenter personnellement la technique du feng shui.

La purification a également été un élément très important dans toute ma démarche. Selon votre histoire, il se peut aussi que le feng shui dans son application simple ne suffise pas. Nous verrons plus loin que des aspects géobiologiques peuvent représenter une grande part des problèmes rencontrés. Comme l'aspect purification. Cependant, le feng shui vous permettra de le détecter, et c'est cela qui est essentiel. **Dans tous les cas il vous aidera à cerner les problèmes.**

Demandez d'ailleurs aux agents immobiliers ce qu'ils en pensent : ils vont retrouver dans leur portefeuille la même maison tous les quatre ans. Ce sont les « maisons qui tournent ». Cause ? Divorce. Et ces maisons dont tous les habitants traversent catastrophe sur catastrophe ? Ou encore celles qui provoquent des maladies chez tous les occupants qui s'y succèdent ?

La mère d'un copain de mon fils m'avait raconté à ce moment-là son expérience en Chine, où elle vivait très régulièrement. Elle et sa famille s'étaient installées dans une maison ; un ami chinois venu leur rendre visite leur avait déconseillé d'y rester, expliquant que le feng shui y était mauvais... Et effectivement, ils n'y ont connu que des déboires à tous les niveaux, plus une inondation alors qu'aucune autre maison du village n'avait été touchée. Du jour où ils ont déménagé, tout s'est arrêté. Cela laisse rêveur...

Dans le cas de ma maison, j'ai découvert, après étude, que tous les gens y ayant vécu avaient divorcé ! Ce qui n'est pas arrivé à mon couple, fort heureusement. Par ailleurs, j'ai effectué tout un travail, sur moi-même et sur la maison, qui nous a permis de la quitter dans un bien meilleur état que nous l'avions trouvée. (Je parlerai plus loin du « karma » des habitations.)

Pour synthétiser, si le feng shui vous attire, cela veut certainement dire que vous vivez des difficultés et avez simplement envie que cela CHANGE. Le feng shui est un très bon outil qui peut vous aider à préparer un meilleur avenir. **Alors foncez !**

Entrée de la maison.

Je voudrais revenir sur cette insatisfaction latente que l'on peut ressentir dans sa vie. Finalement, pourquoi fait-on ce travail ? En y réfléchissant, on a toujours voulu faire autre chose, mais, de peur du regard des autres, de peur de l'image sociale que l'on veut donner ou représenter, il nous est totalement impensable de changer de métier. Il existe un vrai phénomène autour d'un changement de vie complet. Des magazines ont poussé ici et là il y a quelques années pour apporter des pistes, dire que c'était possible. Arrêter sa carrière d'ingénieur et aller élever des moutons dans le Larzac ! Je me souviens de cet homme passé à la télévision qui était parti du jour au lendemain méditer en Inde en laissant une entreprise dont il était le P-DG. Étonnant ! On retrouve ici le b.a.-ba du bouddhisme : n'être attaché à rien (lire à ce propos *Éveillez le bouddha qui est en vous*, de Lama Surya Das).

Cela dit, je pense heureusement que chacun peut évoluer et suivre sa voie sans tout lâcher (on verra plus tard qu'il est surtout essentiel de lâcher prise sur les résultats !) ni méditer de longues heures dans un monastère... Si certains ont trouvé leur voie de cette manière, tant mieux pour eux. Mais ce n'est en tout cas pas une étape obligée. Ouf ! penseront certains. Je crois d'ailleurs qu'il est essentiel de conserver un très bon ancrage sur Terre, histoire de ne pas s'envoler je ne sais où !

Je vous encourage donc à vous poser des questions et à ne pas avoir peur de décider un changement s'il est nécessaire, aussi petit soit-il. Pensez d'abord à vous sans vous référer aux autres, ou vous serez à jamais malheureux. Créez votre propre réussite et n'essayez pas de copier celle du voisin, car elle ne vous est certainement pas destinée. Voyez chaque étape comme un résultat, et pas obligatoirement comme un échec. En France, nous avons une peur bleue de l'échec. C'est ridicule. Et, à cause de cela, bon nombre de personnes ne vont jamais rien oser de peur de ne pas y arriver. Comment y arriver si on pense dès le départ qu'on n'y arrivera pas ? Et surtout, la pression du système exerce sa domination morbide : on a vécu un échec, donc on est regardé comme un pestiféré. Il est vraiment très difficile d'apprendre le détachement face à cette pression. Le détachement face à tout un système, d'ailleurs. Car comment se réaliser si on reste profondément dépendant du système et du jugement des autres ?

J'ai lu un livre passionnant à ce sujet, *Être l'auteur de sa vie*, de Michelle Noël. Je vous conseille de le lire, il vous aidera peut-être à changer votre vision des choses. Surtout pour ceux d'entre vous qui sont très scientifiques. Michelle Noël travaille depuis des années sur le cerveau inconscient et son fonctionnement, et il n'y a rien d'ésotérique ni de spirituel dans sa démarche. Cette dernière est complémentaire de la mienne et de toutes celles qui cherchent à comprendre et à changer. À comprendre que **la volonté et l'intention sont indispensables et peuvent vous faire faire des miracles.**

Il paraît que la pensée est créatrice. On verra plus loin que cette fameuse intention, on la retrouve dans le feng shui, évidemment, ainsi que dans les aménagements que l'on souhaite faire. Nous nous sommes tous incarnés sur Terre pour nous y réaliser ; l'essentiel est de ne pas le perdre de vue et d'essayer au maximum. Mieux vaut tard que jamais, et il n'est jamais trop tard pour bien faire, j'en suis intimement convaincue.

On a parfois des réactions ou des comportements qui ne nous ressemblent pas. Ils sont dus à la façon dont nos parents nous ont élevés, au système bien établi dans lequel nous vivons. Notre culture, nos difficultés rencontrées plus jeune et les « valises » avec lesquelles nous sommes arrivés à la naissance nous posent bien souvent de grosses difficultés de manière inconsciente. Il faut savoir que l'on naît avec toutes les problématiques non réglées des générations précédentes – un livre entier serait nécessaire sur le sujet !

Décider de rentrer dans son inconscient nous change la vie. Nous mettons enfin l'accent sur tout ce qui nous empêche éventuellement d'avancer sans qu'on le sache : un accident, un traumatisme causé par un choc important, un environnement stressant, tout ce que nous avons vécu dans le ventre de notre mère et après dans notre enfance. Sans compter ce qu'ont vécu les générations précédentes. Sachez qu'elles aussi devaient régler leurs problématiques et que, si elles ne l'ont pas fait, c'est peut-être à vous de les résoudre. C'est peut-être votre mission sur Terre... Mais pas de panique ! J'entends d'ici tous ceux qui rêvent du feng shui comme d'un petit outil juste pour améliorer leur quotidien. Pas de problème. L'important est de faire comme on le sent. C'est ma devise et je pense qu'elle me réussit.

Aller à son rythme, c'est essentiel. Le sien et pas celui des autres. Rester ouvert si on le peut au changement, à la nouveauté, mais être aussi à l'écoute de son propre rythme. L'idée qu'on doit tous évoluer au même rythme est ridicule, encore plus dans un couple. Chacun vit ses propres expériences, peut les partager s'il le souhaite, mais merci de ne pas chercher à rivaliser ni à faire la course à je ne sais quoi. L'important est d'être soi-même, de le rester et de partager le plus d'expériences possible avec son compagnon, ses enfants, voire son entourage proche.

Nous verrons donc plus loin comment le feng shui peut nous aider à rentrer dans cet inconscient, à nous débarrasser d'une hérédité parfois trop encombrante. Et nombre de techniques peuvent nous y aider. On a tous en mémoire des cas de familles où certains schémas se reproduisent ; or, il est possible d'agir sur tout cela. Le début de travail que j'ai effectué sur moi-même m'a permis d'aller dans mon inconscient et de me débarrasser de certaines peurs héritées ou accumulées depuis ma naissance et avant, et qui m'empêchaient d'avancer. Cela n'a pas toujours été facile ni très reposant, mais quel soulagement de le faire en conscience et de sentir la différence après ! En l'occurrence, il m'était nécessaire de me libérer et de « nettoyer mon intérieur » en conscience pour faire faire ce travail en toute neutralité à mes futurs clients dans le domaine du feng shui. Histoire de ne pas reproduire mes schémas sur eux.

Salon et patio intérieur.

B / Une déco **bien morose !**

Il ne faut pas oublier que faire du feng shui, c'est aussi faire une super déco. On peut donc en profiter pour refaire son intérieur en même temps que l'on se découvre. Le feng shui est ainsi un outil un peu futile (je sais que cela plaira à certains... n'oubliez pas que chacun doit évoluer à son rythme !) qui nous aidera à aller mieux juste en donnant un peu plus de fantaisie à notre habitation.

On connaît l'engouement actuel pour la déco. Quantité de nouvelles émissions y sont consacrées. Et ce n'est pas un hasard : c'est une manière inconsciente d'agir sur notre essence profonde, représentée par notre habitation. On est relié à notre habitation et à tout ce qui nous entoure. On a envie d'une autre couleur, de rendre plus chaleureux son salon, sa chambre, parce que, au plus profond de nous, on vit certainement dans l'insatisfaction et on veut que cela change. Étant très matérialistes, on intervient donc sur notre environnement direct et sur notre intimité comme on va se faire couper les cheveux pour changer de tête ou s'acheter un nouveau vêtement pour sentir un renouvellement quelconque. D'où le succès grandissant de tous ces relookings à la télévision. Cela existe depuis de très nombreuses années à l'étranger. Dans notre cher pays, on a tendance à mettre plus de temps, à faire les choses quand on est sûr qu'elles fonctionnent. C'est un trait qui caractérise notre culture, malheureusement. Et nous avons dans beaucoup de domaines un bon train de retard sur bien des pays – la Suisse, l'Allemagne, la Grande-Bretagne, les États-Unis, l'Australie sont beaucoup plus avancés, notamment en matière d'habitation passive (totalement écologique) ou en feng shui.

J'ai d'ailleurs fait construire ma maison en bois bioclimatique feng shui, dont les photos illustrent le livre. Le début du projet fut tout à fait intéressant : on me traita presque de folle parce que je voulais aller au bout d'un travail plutôt important (tous ceux qui aimeraient bien mais n'osent pas se lancer sont un peu jaloux, donc, consciemment ou non, ils découragent l'adversaire !) et en plus assez original. Bien sûr, comme ce n'est pas le plus répandu de construire en bois dans notre pays, on se dit que ce n'est pas la meilleure solution. On refuse la nouveauté. Mais il faut être ouvert et ne pas avoir peur de changer ni d'innover. C'est cela, la vraie liberté. En outre, le bois est un matériau extraordinaire ; outre ses qualités feng shui, il est plein de qualités esthétiques et techniques comparé au « sacré béton ». Je suis allée au bout de mon projet. Cela n'a pas été facile, mais j'ai fait construire ma maison en bois selon les règles du feng shui, et adaptée bien sûr à ma famille et à ses propres aspirations. Je vous conseille de faire de même : **allez au bout de vos idées, la satisfaction que vous en retirez sera un merveilleux cadeau.**

Si c'est une maison que vous souhaitez faire construire, sachez qu'il n'y a pas de maison idéale. Juste une manière idéale de la créer. Vous pouvez aussi faire « expertiser » l'habitation dans laquelle vous vivez déjà. En tout cas, le feng shui est là pour s'intégrer et s'adapter à nos choix et aspirations, mais aussi à nos goûts. C'est pourquoi je pars du principe que toute personne faisant du feng shui doit être un décorateur dans l'âme. Si tel n'est pas le cas, il devra travailler avec un décorateur. C'est essentiel. Pour ma part, je considère que c'est vraiment un ensemble. On fait des propositions de décoration et d'agencement à partir des règles du feng shui, et aussi en tenant compte des contraintes et des exigences de la personne concernée. On ne peut imposer quoi que ce soit sans ressentir l'âme de la maison et de ses occupants, qu'on retrouve dans la décoration, que ce soit au niveau des couleurs, du style, des bibelots, des symboliques aux murs...

On comprendra plus tard que tout a une importance fondamentale. Le feng shui est donc juste l'outil qui va permettre de décoder cet ensemble. Quand on connaît le code, on joue simplement avec.

C / Les effets de **notre environnement**

Nous sommes intimement reliés à ce qui nous entoure, et particulièrement à notre intérieur. Mais parlons d'abord de notre environnement, celui qui entoure notre habitation. En feng shui, on parlera de **cercles concentriques d'influence.** Le plus large concerne notre galaxie, le plus petit, notre propre corps. Et au milieu on trouve nos vêtements, notre

Salle à manger.

habitation bien sûr, notre voiture, nos voisins, notre jardin, etc. Tous ces cercles ont une importance cruciale, mais plus ils s'éloignent, plus ils sont forts, et moins nous avons d'influence sur eux. La Terre nous influence, mais il sera évidemment difficile d'agir sur elle individuellement ! En revanche, notre propre habitation, notre façon de nous habiller ou encore notre jardin sont à notre portée. Il est essentiel de bien le comprendre. Et l'environnement de notre habitation sera autant, voire plus important que l'habitation elle-même, car il aura lui aussi une incidence sur notre vie.

Cela est d'ailleurs un peu évident. Selon que vous habitez près d'une forêt sur un terrain dégagé avec une vue imprenable ou à côté d'une prison ou d'un cimetière, les énergies qui circulent seront de nature bien différente et apporteront leur lot de quiétude ou de stress. De même, si votre porte s'ouvre sur un grand mur plutôt que sur un espace dégagé, il est certain que vos perspectives d'avenir ou vos perspectives tout court ne seront pas expansives mais limitées.

Le feng shui, c'est aussi beaucoup de bon sens. C'est pourquoi, même si notre vie en ville induit pas mal de contraintes, il faut essayer de trouver un lieu le plus paisible possible avant même de penser à l'intérieur. D'ailleurs, en termes d'analyse feng shui, on regardera d'abord l'environnement, la structure de la maison ou de l'appartement, et on s'attachera seulement ensuite aux détails et à l'intérieur. **S'aménager des protections** si on a des voisins plutôt négatifs ou si on habite une rue très stressante peut être essentiel. Tous ces points seront analysés plus loin ; vous permettront de retrouver votre propre cas et d'y apporter les solutions les plus adaptées.

De même, la nature du terrain est essentielle. Qui n'a pas entendu parler de géobiologie aujourd'hui ? Cette science est primordiale en feng shui. On la retrouve avec le souffle du dragon dans tout bon livre de feng shui asiatique (j'en parlerai quand j'aborderai la théorie sur le feng shui). Créer une super habitation avec tous les aménagements feng shui spécifiques ne fera pas grand-chose si le terrain que vous habitez renferme de grosses difficultés géobiologiques, et surtout son lot de maladies.

Je m'explique. Deux docteurs en médecine, Peyré et Hartmann, ont essayé il y a quelques décennies de mettre en évidence que des maisons situées par exemple sur une source (mon ancienne maison était construite sur une source), au croisement de deux lignes telluriques ou encore près de gros pylônes électriques pouvaient provoquer des cancers chez leurs habitants. On parle bien d'un pouvoir de la terre sur la vie, qu'elle soit humaine, végétale ou animale.

J'ouvre donc une parenthèse sur cette science qu'est la géobiologie et son fonctionnement pour tous ceux qui ne la connaissent pas encore. Le réseau Hartmann est considéré comme un quadrillage d'ondes électromagnétiques, aux intersections desquelles se trouvent ce qu'on appelle les nœuds Hartmann, qualifiés par les géobiologues de « points géopathogènes ». On considère que ces nœuds sont particulièrement néfastes et peuvent apporter leur lot de maladies, entre autres ; il faudra donc éviter d'aménager sa chambre à coucher sur un nœud ou d'y installer un bureau, dans lequel on séjourne plus ou moins longuement.

Ce qui est intéressant, c'est de rechercher dans la géobiologie les sources d'un éventuel malaise (maladie, problème d'argent récurrent...), surtout si l'environnement et l'habitation elle-même ne présentent pas de problème particulier en termes de feng shui.

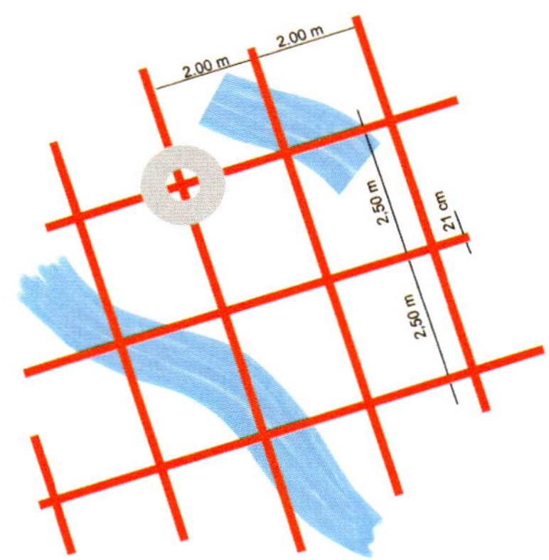

Le réseau Hartmann

On connaît l'action néfaste de l'eau, source de maladies elle aussi. Une habitation trop humide ne sera donc pas saine pour la santé de l'ensemble de ses occupants.

Il faut également veiller à limiter la pollution électromagnétique. Aussi, avant de faire un bon feng shui ou lors de son apprentissage, réduisez l'usage dans la chambre d'un radio-réveil, d'un téléviseur, etc. – on parle d'ailleurs maintenant de câblages blindés pour tous les réseaux électriques d'une maison afin de limiter cette fameuse pollution électromagnétique. Il n'est pas question de s'affoler de ce phénomène parfaitement connu, mais de prendre conscience de son existence et de son effet néfaste. Cette pollution, si elle est trop importante, pourra vous apporter son lot de difficultés sous forme de stress, de fatigue, voire de maladie. Il faut donc apprendre à la limiter et à la maîtriser.

J'aimerais vous parler d'une autre science, que j'ai découverte très récemment et qui fait le lien avec la géobiologie ou le feng shui. Il s'agit de la tellurologie – un nom un peu barbare !

La tellurologie est une science qui se rapproche de l'astrologie, puisque c'est l'étude de la carte de la Terre en comparaison de celle du ciel. On parlera alors de « roue tellurologique », en complément du fameux thème astrologique, les deux délivrant des messages fort pertinents sur la personne. D'ailleurs, nombreux se sont rendu compte, à la lecture de leur thème astral, que beaucoup d'éléments étaient avérés sur au minimum un environnement et une situation vécus. C'est donc un outil de plus pour nous aider à cerner une situation difficile à vivre, ou tout simplement pour nous permettre d'y voir plus clair dans une myriade de choix qui s'offrent à nous.

Pour revenir au lien que fait la tellurologie avec la géobiologie ou le feng shui, c'est le lien avec la Terre. Des vibrations énergétiques émanant de la Terre, on fait aussi le lien avec le ciel. Le feng shui n'est ni plus ni moins que la rencontre de deux énergies, celle du ciel et celle de la Terre, qui se dispersent ensuite en créant un équilibre, celui du yin et du yang et du fameux tao.

Qu'on soit adepte ou non de l'astrologie, l'influence des planètes et du ciel sur notre comportement est avérée. La tellurologie est née du ressenti et d'une pratique assidue de certaines personnes qui ont mis en avant la connexion ciel-Terre. L'étude et la perception des forces telluriques ont permis de déceler qu'il existait quatre ellipses vibratoires entourant le noyau de la Terre et que ces ellipses tournaient à leur rythme, formant des figures géométriques différentes. **Ainsi, on peut mettre en place une carte tellurologique, de même que l'on dresse un thème astrologique en fonction de la position des planètes.**

Deux ellipses sont de nature yang et deux, de nature yin. Les deux yang concernent l'action, les obstacles du moment mais aussi ceux à surmonter dans le futur, ainsi que son destin ; quant aux deux yin, elles se réfèrent à l'énergie dont on dispose dans l'action, ainsi qu'aux possibilités et aux obstacles dans les changements annoncés. Tout ce processus et la réalisation d'un thème sont particulièrement compliqués, autant que peut l'être la pratique de l'astrologie. Je ne fais que vous donner quelques éléments vous permettant de comprendre et d'aborder, comme j'ai pu le faire moi-même, cette nouvelle science si prometteuse.

Bien d'autres aspects sont à étudier dans la tellurologie, qui prend aussi en compte les planètes, les signes astrologiques, les éléments chinois, etc. Pour les plus sceptiques, il est bon de préciser que les calculs en découlant se sont révélés exacts ; certains thèmes réalisés ont confirmé des probabilités importantes de tremblement de terre et de guerre.

Ce qui est donc passionnant avec cette science, c'est son utilité directe dans la pratique du feng shui, puisqu'on peut établir avec précision non seulement la carte d'une personne par rapport à ses date, heure et lieu de naissance, comme en astrologie, mais surtout la carte d'un lieu – votre habitation, votre ville, voire votre pays... Et c'est évidemment à ce moment-là que cette science peut nous intéresser très fortement quand on pratique le feng shui et qu'on essaye de comprendre comment notre maison peut avoir un impact aussi fort sur notre vie. Elle peut nous **faire comprendre que l'énergie d'un lieu précis, voire d'une ville entière, ne nous convient pas et qu'il serait intéressant de chercher une énergie plus positive en correspondance avec notre propre thème tellurologique.**

Il est vrai que cette réflexion nous emmène beaucoup plus loin que le simple aménagement intérieur ou la seule redécoration. En revanche, des outils sont là, qui se développent par l'intermédiaire de certaines personnes particulièrement éclairées et dont c'est probablement la mission. Et il est important selon moi d'en tenir compte, surtout si les résultats sont probants et démontrent clairement l'efficacité de l'outil en question.

On ne peut continuer à fermer les yeux sur des éléments aussi significatifs, même s'ils peuvent d'une certaine manière engendrer la peur parce qu'on ne comprend pas tout et qu'on n'explique pas tout. Accepter l'évolution quelle qu'elle soit ou continuer de vivre dans l'ignorance la plus totale (pour se préserver de quoi ?) ? Cela dit, le fait même d'avoir ce livre dans les mains montre clairement que vous faites partie de ceux qui ont choisi la voie de l'évolution.

D / Le feng shui, **un outil de travail magique**

Maintenant que nous avons mis en lumière l'importance que peut avoir notre environnement proche sur notre vie, comprenons comment le feng shui peut nous aider à déchiffrer notre inconscient. **J'ai déjà dit que nous sommes intimement reliés à tout ce qui nous entoure. Cette notion est fondamentale.** Cette énergie dont on parle, qu'on peut ressentir mais qu'on ne voit pas, est essentielle. Bon nombre de liens énergétiques existent : chaque objet, chaque couleur véhicule des énergies et des vibrations bien à lui. Nous sommes au centre d'immenses toiles d'araignées qui relient chaque point à un autre. C'est pourquoi le rangement et le nettoyage occupent une grande place dans le feng shui.

En feng shui, on part du principe qu'**il existe un lien énergétique entre nous et notre habitation. Ainsi, sans nous en rendre compte, nous projetons dans notre habitation ou dans notre bureau notre personnalité, nos aspirations, mais aussi nos problèmes.** Le choix de notre habitation, notre décoration, nos goûts, les couleurs que nous utilisons, les bibelots, les symboliques accrochées aux murs, bref, tout ce qui nous entoure n'est pas le fruit du hasard. Grâce au feng shui, il est possible de prendre conscience de tous ces éléments et d'apprendre à les décoder ; ainsi, nous pourrons résoudre nos problématiques, exaucer nos souhaits et réussir nos projets en faisant un bon feng shui.

Les meubles de votre arrière-grand-mère sont porteurs d'une énergie bien spécifique, celle de votre arrière-grand-mère. Et décider, en conscience ou non, de les garder chez vous, c'est accepter de vibrer aux mêmes énergies que votre arrière-grand-mère et d'apporter peut-être chez vous ses problématiques. Je précisais « en conscience ou non », car certains objets ou symboliques peuvent être très néfastes, mais, personnellement, on n'en saisit que la symbolique positive.

Garder votre bouquet de mariée alors que les fleurs vont sécher et mourir vous apportera une symbolique de mort et pas du tout celle de l'amour. De la même façon, un tableau de famille auquel vous tenez tant qui représente une symbolique très triste vous apportera plutôt la symbolique de la tristesse que celle de l'amour de votre famille. C'est très important de comprendre dès à présent l'importance de chacun de vos choix dans votre habitation, de la couleur aux meubles.

Je vous entends déjà réagir : « Mais ce n'est pas moi qui ai choisi ! C'était comme cela à mon arrivée et je n'ai pas eu le temps ni l'argent de changer. » Toutes les excuses sont bonnes à entendre et à dire, mais pas du tout réalistes. **Je l'ai déjà dit : le hasard n'existe pas. Avec le feng shui, vous décidez enfin de prendre votre existence en main et de retrouver votre moi, votre essence, votre âme.** Voyez cela comme vous le voulez ou le pouvez. Vous êtes seul responsable de votre existence. Ce ne sont jamais les autres qui sont responsables de votre malheur, mais uniquement vous. **Ne vous plaignez plus, agissez et transformez ce qui vous déplaît.** Travailler sur soi est un merveilleux voyage qui nous permet de nous retrouver. Et quantité de techniques peuvent nous y aider. Les plus populaires sont la kinésiologie ou encore la PNL (programmation neurolinguistique). Le but de ce livre n'étant pas de déchiffrer et d'expliquer ces techniques, je resterai concentrée sur le feng shui.

Le feng shui, à sa manière, vous permettra donc de faire ce travail intérieur en décodant votre habitation actuelle. Elle ne correspond pas à vos attentes ? Peu importe. Pourquoi ne correspond-elle pas ? De quoi avez-vous envie ? Ne mettez plus de barrières. Analysez froidement la situation et vous découvrirez certainement des problématiques. Mettez en lumière ce que vous ressentez vraiment, et surtout ce que vous souhaitez au plus profond de vous. Bien sûr, ce n'est pas chose évidente. Il ne suffit pas de les vouloir pour précipiter les évènements et changer les choses. Il faut aussi et surtout être prêt à accueillir les changements qui se présenteront (pas toujours très agréables peut-être) et qui induiront le vrai changement final désiré. Il faut également savoir être patient. Faites comme vous le sentez et le ressentez. La quête n'est jamais finie. Mais ce qui est important, c'est de la démarrer avec toute sa volonté. Très vite, vous ressentirez les bienfaits de ces changements à venir dont nous rêvons tous secrètement.

Car pourquoi travailler sur son inconscient si ce n'est en même temps pour travailler sur son karma ? Je pense que nous arrivons tous au monde avec notre karma. Et je ne suis pas adepte de l'idée qu'on ne peut pas changer son karma.

Qu'est-ce que le karma ? Les fameuses « valises » qu'on transporte, qui appartiennent à nos mères ou grand-mères et qu'on a reçues en cadeau de naissance ou accumulées dans notre enfance. Croire au karma, c'est

Environnement favorable.

croire à la réincarnation ; c'est accepter le fait que notre âme se réincarne successivement dans un autre corps pour vivre chaque fois une nouvelle incarnation ; que chaque incarnation doit nous mener à évoluer progressivement dans chacune de nos vies par le biais de difficultés à résoudre. Si nous vivons telle ou telle problématique, c'est que nous avons accepté, avant même de revenir sur Terre, de la vivre pour nous aider à progresser. Et si nous n'arrivons pas à la résoudre, elle continuera encore dans nos vies prochaines. Mais si on prend conscience de cela, on va tout faire pour chercher et résoudre ce qui doit être résolu. Et on va se débarrasser de son karma.

Je vous rassure, encore une fois, il n'est pas besoin de s'en convaincre pour « fengshuiser » son habitation. En revanche, il faut comprendre que, comme nous, notre habitation a son karma. Nous ne vivons pas dans telle ou telle habitation par hasard. Bon nombre d'entre vous essaieront de se trouver des raisons – « Je ne voulais pas de cet appartement mais je n'ai pas eu le choix, c'est mon ami qui a décidé », etc. La liste peut être très longue. Mais il vaut mieux utiliser son énergie pour comprendre les épreuves que nous rencontrons afin de ne plus les retrouver par la suite. On peut quelquefois y remédier par les techniques précisées précédemment, lorsqu'il s'agit d'une donation de ses parents ou de générations précédentes - des « valises » qu'on nous a léguées à la naissance et qui nous empêchent sérieusement d'avancer. Ou on peut décider de les garder sans rien voir. Mais alors bon courage, car votre vie sera pleine d'embûches ! En revanche, si vous essayez de comprendre la raison pour laquelle vous avez divorcé à plusieurs reprises, vous êtes encore célibataire, vous avez toujours un partenaire alcoolique, vous n'avez jamais d'argent, alors je vous promets de grands changements dans votre vie. Comme dirait l'autre : « que du bonheur » en perspective !

Il y a aussi toutes ces maisons où est arrivé un grand malheur. Meurtre, suicide ou seulement situation de vie très tendue : tous ces évènements vont laisser leur empreinte dans la maison. C'est ce qu'on appelle **la mémoire des murs.** Dans ces situations extrêmes, les maisons ont généralement besoin d'une grosse purification pour rehausser leur niveau d'énergie ou tout simplement leurs vibrations, voire pour aider des âmes errantes à regagner la lumière... Nous vivons dans la troisième dimension. Il en existe d'autres. On simplifie en parlant de quatrième dimension pour tout ce que l'on n'arrive pas à expliquer. Les scientifiques les premiers continuent de constater tout un tas d'éléments qu'on ne peut expliquer mais qui existent...

Si vous reconnaissez votre habitation dans ce type de maisons à karma, vous rencontrez certainement beaucoup de difficultés. Cela dit, vous n'avez pas choisi votre lieu d'habitation par hasard, et le karma de votre maison ou de votre appartement mêlé au vôtre vous obligera à chercher le pourquoi du comment. Si vous ne le faites pas, vous serez confronté à la même situation dans une autre habitation, soyez-en certain.

Mais restons positifs et optimistes : les épreuves sont une vraie bénédiction (mais si !) car elles vous permettent souvent de faire le point, de remettre en question ce que vous n'avez jamais le temps de faire. Faute de temps justement. On a « le nez dans le guidon » et on survit. Les épreuves vous poussent à vous arrêter, à réfléchir et à trouver. Je vous le souhaite en tout cas.

Situation idéale
pour faire « le point »...

CHAP 2 Les règles de base

Adoptez la « feng shui attitude »

A / Il est nécessaire de **prendre son temps**

Maintenant que nous avons exposé les raisons qui pourraient vous inciter à utiliser le feng shui, je souhaiterais vous enseigner quelques principes élémentaires à respecter dans votre démarche. Car nous sommes tous différents. Certains prennent leur temps, réfléchissent, agissent par petites touches. D'autres au contraire sont de vrais bulldozers et n'attendent pas leur reste. Ils ont découvert une potion miraculeuse ? Ils s'empressent de tomber dedans comme Obélix et ne cherchent qu'à retomber dedans encore et encore !

Comme je l'ai déjà expliqué, le feng shui est une science, une technique très amusante qui peut être prise à la légère mais qui intervient sur notre conscience profonde, sur ce qui nous touche au plus près. **Alors le premier conseil essentiel que je donnerai est de prendre son temps.** Vous vivez dans une habitation depuis un temps plus ou moins long. Peut-être n'y êtes-vous pas tout seul : vous avez un mari ou une femme, des enfants. Chacun a ses petites habitudes, sa manière de fonctionner, son espace à lui. De plus, vous pouvez avoir envie de changer alors que le reste de la famille se sent bien dans sa vie et ne souhaite surtout pas de changements. Sachez encore une fois que le feng shui va apporter de grands changements dans votre vie. Ces changements peuvent quelquefois être difficiles sur le moment, mais ils ne peuvent apporter que du mieux. J'entends déjà d'ici les plus téméraires d'entre vous se demander : « Est-ce que ce feng shui est finalement une bonne idée ? » Bien sûr que oui ! **Mais je tiens à vous en donner tous les éléments et à ne pas vous tromper sur la marchandise.** On vend une potion magique miraculeuse qui résoudra tous vos problèmes ; c'est en partie vrai, mais elle est tellement miraculeuse qu'il ne faut pas en abuser et en boire trop et trop vite !

J'ai en mémoire un exemple très parlant. Suite à quelques discussions sur le feng shui avec une amie, je lui ai fait décrire son coin amour (vous comprendrez bientôt où il se trouve !), ainsi que sa chambre (une zone amour par excellence). Il se trouvait que cette dernière était très mal aménagée et présentait de réelles symboliques de mort, avec des fleurs séchées notamment. Elle était aussi utilisée pour entreposer le linge sale et le linge à repasser, pas vraiment en adéquation avec une pièce dédiée au couple. Après plusieurs précisions, il s'est avéré que cette amie vivait de grosses difficultés de couple. Je lui ai donc proposé de modifier et de dynamiser sa zone amour. Et sa vie a très rapidement changé. Cela ne s'est pas du tout amélioré avec son mari. En revanche, des ex l'ont rappelée... et finalement, après plusieurs années, elle a fini par divorcer. C'était la solution évidente, mais elle avait été incapable de le reconnaître au départ, du fait des habitudes notamment. Et elle allait enfin connaître le renouveau qu'elle désirait certainement au plus profond d'elle-même.

Le feng shui a juste mis le doigt sur le problème et a accéléré le processus. Il peut aussi provoquer quelque chose de très positif tout de suite, comme la rencontre d'un partenaire si on aménage soudainement une zone amour.

Donc, premièrement, discutez d'abord avec votre famille et décidez des changements d'un commun accord. Si votre partenaire ou vos enfants ne veulent pas changer quelque chose – cet odieux portrait d'un parent mort, ce superbe bouquet de fleurs séchées (la mort à petit feu !), ou encore cette couleur de chambre totalement inadaptée –, n'insistez pas. Essayez de leur expliquer ce que cela signifie et quelle influence cela a sur leur vie pour les amener consciemment à changer, mais surtout ne changez rien à leur place. **Chacun a son libre arbitre et doit faire ses choix indépendamment des autres. Il serait bien d'apprendre à le respecter.**

Deuxièmement, quoi qu'il arrive, prenez le temps de réfléchir à ce que vous souhaitez vraiment et de le mettre en place. Comme je l'ai déjà écrit plusieurs fois, nous sommes reliés à ce qui nous entoure par quantité de liens énergétiques, donc **tout changer trop vite va bousculer brutalement les énergies et votre équilibre.** Si vous décidez du jour au lendemain de changer par exemple toutes les couleurs de votre maison ou de votre appartement, vous risquez vous et votre famille de tomber malades. Cela est vraiment important et ne doit pas être pris à la légère. Respectez les priorités comme je l'explique plus loin dans le livre et changez progressivement par petites touches. Même si vous êtes désireux de changer, rien ne presse. Vous avez vécu comme cela jusqu'à présent, vous pouvez donc encore patienter. Accueillez tranquillement les informations et les changements un par un pour avoir le temps de les intégrer progressivement. Et laissez le temps à votre entourage proche, car vous avez nécessairement tracé le chemin plus vite qu'eux puisque c'est vous qui avez ce livre en main...

B / Apprendre à **penser positif**

Je reviens sur le livre dont je vous ai parlé, *Être l'auteur de sa vie*. Ce qui est intéressant dans la démarche de l'auteur, c'est qu'elle nous démontre qu'on a tous un cerveau avec des capacités extraordinaires, un super ordinateur qu'on peut configurer avec des bons et des mauvais programmes (ceux qu'on a construit ou reçus avant, pendant ou après la conception...), selon ce que l'on souhaite dans sa vie. Et tout va dépendre de nous pour les remplacer, les conserver ou les créer. La démarche de Michelle Noël est intéressante car scientifique. Et elle rejoint ce que j'ai écrit sur les capacités de la pensée. On dit qu'elle est créatrice. Finalement, vous allez attirer ce à quoi vous pensez. **Si vous passez votre vie à n'avoir aucune envie, aucun objectif, aucun rêve positif, pourquoi voulez-vous que quelque chose de bien vous arrive ?** Il n'y a finalement aucune raison. Si vous êtes toujours en train de vous plaindre et de ne voir que le négatif dans toute chose, je ne suis pas sûre que votre vie soit très agréable. Je pense surtout que vous passerez votre temps à ruminer et à reprocher aux autres ce qui vous arrive. Si vous ne pensez pas positif sur des envies et des aménagements feng shui par exemple, je peux vous affirmer que rien ne se passera. Il faut le faire avec la foi et croire que cela marchera. C'est essentiel.

Il est prouvé scientifiquement que nous avons une interaction énergétique avec ce qui nous entoure. À ce titre, d'ailleurs, je vous conseille de lire *La Prophétie des Andes*, de James Redfield, qui aborde ce sujet – et d'autres – sous l'angle du roman. Ce livre est mondialement connu et est un régal, tout comme les autres romans de l'auteur, à découvrir d'urgence pour tous ceux qui ne les connaissent pas.

Je sens chez certains d'entre vous une petite réticence. C'est normal, mais testez cette nouvelle manière de penser et vous verrez certainement des changements se produire. Ce n'est pas toujours évident, mais c'est un principe de base qu'on doit essayer d'avoir. Il faut aussi se donner les moyens de réaliser ses ambitions et ne pas attendre que cela nous tombe du ciel. C'est bien connu : « Aide-toi, le ciel t'aidera. » Cela dit, cette pensée positive n'est rien sans une intention profonde. **L'intention positive est vraiment fondamentale.**

Encore une fois, des expériences ont été faites montrant bien qu'une intention positive entraînait des résultats sur la matière (comme regarder des plantes vertes et leur envoyer l'énergie qu'elles seront les plus belles possible). Cela peut paraître un peu abstrait, mais c'est absolument passionnant. En outre, cela peut grandement nous aider à atteindre nos objectifs et à réaliser nos souhaits et nos rêves – si, bien sûr, on a dégagé au passage tout ce qui pouvait nous empêcher d'avancer et désactivé les programmes gênants qu'on s'est tout simplement fabriqués ou qu'on nous a transmis.

Si ce sujet vous intéresse, je vous conseille de lire aussi les quatre livres de Kishori Aird sur l'ADN et sa reprogrammation possible (*L'ADN démystifié*, *L'ADN et le Choix quantique*, *Essence* et *Ancrage*). Je le conseille d'autant plus aux esprits scientifiques, qui cherchent continuellement des preuves, car de nombreux exemples sont présentés dans ces livres. (Je n'en parle pas ici car ce n'est encore une fois pas l'objet de ce livre.)

C / Savoir **lâcher prise**

Enfin, le dernier principe qu'il faudra mettre en œuvre si vous utilisez le feng shui, c'est le lâcher prise.

Lâcher prise sur une situation, c'est se libérer de ses attentes concernant cette situation et de ses éventuels résultats. Ainsi, ne pensez pas qu'aux résultats des aménagements feng shui, n'attendez pas désespérément les résultats ni la réponse concernant un problème précis. En fait, il faut essayer de comprendre toujours par rapport à ces liens énergétiques. Rester focalisé sur le problème, c'est l'empêcher énergétiquement de se résoudre parce qu'on bloque les énergies en présence. C'est exactement comme les personnes qui sont toutes seules et qui cherchent tant bien que mal un partenaire. C'est devenu une obsession et rien ne se passe. C'est normal. Ces personnes sont dans l'attente, et ainsi rien ne peut leur arriver car tout va « transpirer » dans leur attitude, dans leur énergie que finalement tout le monde ressent, même si certains ne le savent pas. De même, ne vous est-il jamais arrivé d'être très préoccupé par une chose ? Tant que vous y pensez, rien ne se passe. Et puis il arrive un jour où vous l'oubliez, souvent par inadvertance, car vous êtes plus détendu ou réellement occupé à autre chose. Et, miraculeusement, la chose que vous attendiez se produit enfin ! C'est extrêmement fréquent si vous prenez la peine de vous en apercevoir. On dit d'ailleurs très souvent que si l'on cherche on ne trouve pas. On ne trouve que quand on a arrêté de chercher. Il faut donc apprendre à lâcher prise sur ses attentes, et ce n'est pas le plus facile, c'est même le plus dur...

Mettre tout en place, exprimer ses souhaits, avoir et ressentir des intentions positives, se donner les moyens de leur réalisation, faire du feng shui avec des objectifs bien précis, mais lâcher prise sur le résultat, voilà les conditions nécessaires, sinon rien ne se passera.

Quand vous ferez du feng shui à la fin de la lecture de ce livre, voire quand vous créerez votre propre maison feng shui si vous en avez la possibilité (je l'espère !), surtout n'oubliez pas ce dernier principe essentiel pour que tout fonctionne : lâcher prise sur le résultat. Il viendra tout seul. Maniez le feng shui avec précaution, en prenant votre temps et en y mettant une vraie intention. Cherchez surtout les vrais changements désirés.

CHAP 3

La théorie et le feng shui

A / Origine et signification

Même si mon objectif n'est pas d'écrire un livre très théorique (tout a déjà été écrit), voici quelques clés concernant l'origine du feng shui.

Littéralement, *feng* signifie « vent » et *shui*, « eau », faisant référence à notre environnement : la terre, les montagnes, les cours d'eau, et à l'interaction entre tous. Le feng shui a toujours été la science permettant de placer notre environnement dans un équilibre parfait tel celui qui existe entre les cinq éléments et entre le yin et le yang, nous procurant par voie de conséquence une existence la plus harmonieuse possible.

Le feng shui est une science très ancienne qui remonte à plus de trois mille cinq cents ans. Les premières traces apparaissent sous la dynastie Tang, mais ce n'est qu'au XXe siècle que le feng shui devient accessible, réservé jusque-là aux grandes familles impériales et aux classes dirigeantes chinoises.

Reconnu comme le fondateur du feng shui, Maître Yang (personnage important de la cour de l'empereur Hi Tsang) a cherché à dompter **le souffle du dragon, ou chi,** c'est-à-dire l'énergie qui circule tout autour de nous. Ses principes sont à la base de l'École de la Forme (les théories du feng shui sont très nombreuses) et permettent de vérifier si un feng shui est bon, notamment en étudiant le paysage avec ses montagnes et ses collines.

B / Les différentes théories existantes

Le feng shui peut paraître très complexe de par la variété de toutes les théories existantes et pas toujours très complémentaires. En effet, s'est développée progressivement face à l'École de la Forme une théorie plus connue sous le nom d'**École de la Boussole**. Cette approche beaucoup plus scientifique que la simple observation du paysage et de ses dénivelés s'appuie sur le concept d'orientation de l'habitation par rapport aux points cardinaux. Cette analyse est fondée sur les huit trigrammes du Yi King et sur l'emplacement de ces trigrammes autour d'un symbole octogonal connu sous le nom de Pa Kua. Le feng shui de la Boussole insiste sur l'importance des directions cardinales et sur leur bonne ou leur mauvaise influence.

De plus, il a introduit deux notions fondamentales :

- celle de l'effet des orientations par rapport à la date de naissance et au sexe d'une personne ;
- celle plus compliquée de la dimension temporelle avec l'introduction d'un carré magique, Lo Shu, calculé par rapport à la numérologie chinoise, développé d'ailleurs par l'**École des Étoiles volantes ou filantes.**

Ces deux théories ont ensuite fusionné à la fin du XIXe siècle et début du XXe.

Terrasse bois à l'ouest.

L'**École de la Forme** ou École des Trois Portes préconise, elle, l'emploi d'un bagua issu du fameux Pa Kua, ainsi que le positionnement de huit zones dans une habitation à partir de la porte d'entrée sur l'emplacement de ces huit trigrammes. Cette école utilise aussi l'effet des directions cardinales, mais ne s'occupe pas de numérologie chinoise et n'introduit aucune dimension temporelle. **Son efficacité est redoutable et intimement liée à notre connexion avec ce qui nous entoure et à nos choix d'aménagement.**

Façade ouest de la maison.

partie 2

Comment changer et utiliser **le feng shui** dans son habitation ?

CHAP 1

Deux étapes préalables

1re étape

Le test

1 – IDENTIFICATION DE VOTRE CONTEXTE GÉNÉRAL

Le test ci-dessous vous permettra d'y voir plus clair et d'identifier réellement vos problématiques afin de pouvoir y remédier. Répondez aux questions suivantes, classées selon huit zones.

Abondance

1) Est-ce que votre situation financière est positive (pas de difficultés récurrentes) ? ❑ oui ❑ non

2) Arrivez-vous à épargner ? ❑ oui ❑ non

3) Bénéficiez-vous d'opportunités en tout genre (cadeaux...) ? ❑ oui ❑ non

4) Avez-vous les augmentations désirées ? ❑ oui ❑ non

5) Si vous avez votre société, est-ce que son chiffre d'affaires augmente ? ❑ oui ❑ non

6) Êtes-vous satisfait de votre quotidien ? ❑ oui ❑ non

• • • / • • •

7) Arrivez-vous à satisfaire l'ensemble de vos besoins et envies (dans une limite raisonnable, bien sûr !) ? ❑ oui ❑ non

8) Est-ce que l'argent vient facilement à vous ? ❑ oui ❑ non

Réputation

1) Bénéficiez-vous d'une bonne image en général dans votre entourage ? ❑ oui ❑ non

2) Et à votre bureau ? ❑ oui ❑ non

3) Êtes-vous respecté ? ❑ oui ❑ non

4) Obtenez-vous une promotion quand vous la désirez ? ❑ oui ❑ non

5) Est-ce que votre avis pèse lourd dans la balance en général ? ❑ oui ❑ non

6) Est-ce qu'on vous fait confiance ? ❑ oui ❑ non

7) Votre activité professionnelle vous met-elle en avant ? ❑ oui ❑ non

8) Votre vie personnelle est-elle valorisante ? ❑ oui ❑ non

9) Faites-vous l'unanimité (vous n'êtes l'objet d'aucune critique) ? ❑ oui ❑ non

10) Avez-vous confiance en vous ? ❑ oui ❑ non

11) Avez-vous la chance de n'avoir jamais eu de problèmes juridiques (procès...) ? ❑ oui ❑ non

Amour

1) Vos relations en général ont-elles toujours été harmonieuses ? ❑ oui ❑ non

2) Votre relation actuelle est-elle harmonieuse ? ❑ oui ❑ non

3) Êtes-vous en couple actuellement ? ❑ oui ❑ non

4) Vos relations extérieures avec vos collègues de travail, vos voisins sont-elles harmonieuses ? ❑ oui ❑ non

5) Pouvez-vous vous confier à un(e) ami(e) ? ❑ oui ❑ non

6) Êtes-vous plutôt facilement sociable ? ❑ oui ❑ non

7) Votre relation actuelle répond-elle à tous vos besoins ? ❑ oui ❑ non

8) Avez-vous une bonne communication dans votre couple ? ❑ oui ❑ non

9) Au travail, les relations entre les employés sont-elles bonnes ? ❑ oui ❑ non

10) Y a-t-il une bonne ambiance au sein de votre entreprise ? ❑ oui ❑ non

Projets/enfants

1) Vos projets aboutissent-ils ? ❑ oui ❑ non
2) Êtes-vous créatif ? ❑ oui ❑ non
3) Avez-vous des enfants ? ❑ oui ❑ non
4) Avez-vous une relation harmonieuse avec vos enfants ? ❑ oui ❑ non
5) Vos enfants sont-ils épanouis ? ❑ oui ❑ non
6) Vos enfants sont-ils créatifs ? ❑ oui ❑ non
7) Avez-vous beaucoup de projets pour votre avenir ? ❑ oui ❑ non
8) Vos enfants travaillent-ils bien à l'école ? ❑ oui ❑ non
9) Êtes-vous satisfait de votre existence ? ❑ oui ❑ non
10) Partez-vous en voyage ou en vacances comme vous le souhaitez ? ❑ oui ❑ non
11) Vos enfants sont-ils calmes et sereins ? ❑ oui ❑ non

Aide extérieure

1) Avez-vous beaucoup de contact avec l'extérieur ? ❑ oui ❑ non
2) Avez-vous beaucoup d'amis ? ❑ oui ❑ non
3) Partez-vous souvent en voyage ? ❑ oui ❑ non
4) Trouvez-vous de l'aide facilement au sein de votre famille ? ❑ oui ❑ non
5) Et auprès de vos amis ? ❑ oui ❑ non
6) Avez-vous des amis de confiance ? ❑ oui ❑ non
7) Pensez-vous bénéficier d'une bonne étoile ? ❑ oui ❑ non
8) Avez-vous un tempérament généreux ? ❑ oui ❑ non

Carrière

1) Aimez-vous votre activité professionnelle ? ❑ oui ❑ non
2) Évoluez-vous comme vous le souhaitez ? ❑ oui ❑ non
3) Êtes-vous reconnu dans votre métier ? ❑ oui ❑ non
4) Êtes-vous plutôt fort de caractère ? ❑ oui ❑ non
5) Est-ce que votre entourage se repose facilement sur vous ? ❑ oui ❑ non

6) Avez-vous toujours eu l'impression d'exercer le seul métier qui vous était destiné ? ❑ oui ❑ non

7) Êtes-vous toujours optimiste ? ❑ oui ❑ non

8) Obtenez-vous la promotion désirée ? ❑ oui ❑ non

Santé/famille

1) Êtes-vous toujours en bonne santé ? ❑ oui ❑ non

2) Est-ce que vos enfants sont en bonne santé ? ❑ oui ❑ non

3) Avez-vous un bon sommeil ? ❑ oui ❑ non

4) Est-ce que les membres de votre famille et vous-même dormez bien ? ❑ oui ❑ non

5) Est-ce que les membres de votre famille et vous-même êtes à l'abri de coups de fatigue passagers ? ❑ oui ❑ non

6) Avez-vous de bonnes relations au sein de votre famille ? ❑ oui ❑ non

7) Avez-vous des bons souvenirs de votre enfance ? ❑ oui ❑ non

8) Est-ce que le stress vous est étranger, à vous ou à votre conjoint ? ❑ oui ❑ non

9) Menez-vous une vie équilibrée ? ❑ oui ❑ non

Connaissance

1) Avez-vous l'impression de bien vous connaître ? ❑ oui ❑ non

2) Êtes-vous sûr de bien connaître votre compagnon ? ❑ oui ❑ non

3) Êtes-vous intuitif ? ❑ oui ❑ non

4) Prenez-vous le temps de réfléchir avant d'agir ? ❑ oui ❑ non

5) Avez-vous le temps de vous informer sur des sujets qui vous intéressent ? ❑ oui ❑ non

2 – RECONNAISSANCE DE VOS DIFFICULTÉS ET SOLUTIONS POSSIBLES

Comptez maintenant le nombre de « non » répondus dans chaque zone et reportez-vous au paragraphe correspondant.

> Moins de 3 dans une zone :
A priori, cette zone est agencée comme il faut. Il est cependant toujours possible de l'améliorer. Reportez-vous au chapitre suivant, qui vous donnera tout un tas d'astuces et de solutions pour **dynamiser** cette zone.

> Entre 3 et 5 dans une zone :
Il est clair que cette zone vous pose des difficultés. Il faut impérativement analyser ce qui ne va pas et le **modifier**, c'est la priorité.

> Entre 6 et 8 dans une zone :
Attention danger, quelle que soit la zone concernée ! Il est temps de réagir, d'autant qu'un problème ne va jamais seul. Vous avez donc certainement de mauvais résultats dans d'autres zones. **Poussez votre analyse aussi loin que possible.**

> 9 ou 10 dans une zone :
Un seul conseil, remettez-vous en question. Un tel résultat a certainement commencé à vous ouvrir les yeux et c'est déjà un point très positif. **Ne soyez plus passif et réagissez.** Faites enfin de votre vie ce que vous voulez qu'elle soit.

Par ailleurs, si vous obtenez plus de 3 « non » dans au moins quatre zones sur huit, il est vraiment nécessaire de « fengshuiser » votre habitation. Analysez chacune de ces quatre zones en fonction de tous les paramètres étudiés dans les étapes 3 à 10, afin d'identifier d'où cela provient précisément et de modifier la situation au plus vite, surtout si vous souhaitez que cela change !

2e étape

Purifier, ranger et nettoyer son espace

1 – POURQUOI PURIFIER SON ESPACE ?

Je rappellerai tout d'abord ce que j'ai écrit au début de ce livre : une habitation a son propre karma, et surtout accueille le plus souvent différentes personnes et familles qui toutes y laissent leur empreinte (mémoire des murs). Pensez aux bâtisses qui ont plusieurs siècles : pas étonnant qu'on puisse imaginer qu'elles restent « habitées » ! J'ai parlé aussi d'énergie, de chi et de liens énergétiques partout dans une habitation. Toute cette énergie qui subsiste donne lieu à un taux vibratoire de l'habitation plus ou moins élevé. Il faut savoir que chacune de vos émotions déposera une partie de son énergie dans les murs de l'habitation. Encore une fois, chaque objet dégage sa propre énergie et tout a une interaction avec tout. La photo Kirlian en est une illustration ; il s'agit de photographier le champ d'énergie électromagnétique qui entoure les personnes et les objets – on y arrive très bien. On parle de photo de l'aura avec des couleurs précises.

Bol tibétain.

Nous pouvons expérimenter ce phénomène tous les jours : rentrer dans une habitation ou dans une pièce où on est mal à l'aise, où on sent que l'énergie y est lourde ou désagréable ; ou tout au contraire rentrer dans un espace où on se sent bien dès le départ. C'est pourquoi il est toujours intéressant de connaître la vie des habitants d'une maison ou d'un appartement qu'on souhaite acheter, car certains schémas peuvent s'y reproduire d'une famille à une autre. Je pars du principe qu'il n'y a pas de hasard. En revanche, ce qui est intéressant, c'est la possibilité d'agir sur ce phénomène en mettant soi-même en place une purification ou en se faisant aider de personnes techniquement compétentes.

La purification d'un lieu va donc surtout aider à dégager l'énergie des anciens habitants. Car cette énergie peut avoir un impact énorme sur la vie des nouveaux occupants et élever le taux vibratoire de l'habitation. Les effets d'une mise en place feng shui pourront alors exprimer toute leur force et leur efficacité. Une purification vous aidera donc à :

- supprimer les éventuels schémas en place afin de pouvoir œuvrer dans le sens de vos souhaits et de vos projets,
- augmenter le taux vibratoire de l'habitation pour élever son énergie.

Vous pourrez décider d'entreprendre une purification pour, par exemple, démarrer un nouveau projet, augmenter vos revenus, créer une atmosphère emplie d'harmonie ou encore obtenir une guérison. Les raisons sont infinies, vous seul en posez les limites.

2 – LES ÉTAPES ESSENTIELLES D'UNE BONNE PURIFICATION

Comment procéder ? Tout d'abord, vous devez vous sentir prêt à le faire. Si tel n'est pas le cas, reportez la purification à un autre jour ou cherchez quelqu'un qui peut la faire à votre place. Il faut que vous soyez le plus à l'aise possible et particulièrement en forme (une femme enceinte ou qui a ses menstruations devra éviter de faire des purifications).

Écrivez une liste de souhaits de la manière la plus précise possible : « Je veux... », « Je souhaite... », etc. Rappelez-vous l'importance de l'intention positive, c'est essentiel au niveau de cette démarche. Et n'oubliez pas d'équilibrer votre intention en ayant conscience que vous ne savez pas comment y parvenir – exemple : « Je veux retrouver une vie pleine d'abondance même si je ne sais pas comment faire ».

Rangez ensuite l'habitation ou la pièce afin de libérer au maximum les énergies qui peuvent bloquer tout nouveau désir. De même, rangez toute nourriture ou boisson afin d'éviter qu'elles absorbent les mauvaises énergies dégagées lors de la purification. Achetez des fleurs, nécessaires à la pratique de la purification, et déposez quelques pétales dans chaque endroit stratégique des pièces. Ouvrez une porte ou une fenêtre pour symboliquement laisser les mauvaises énergies s'en aller par ces ouvertures.

Vous êtes presque prêt. Il vous reste à vous centrer sur vous-même. Imaginez-vous dans une « colonne de lumière » qui vous met à l'abri de toute éventuelle énergie négative. Prévenez le lieu que vous allez agir et demandez-lui son autorisation.

Je sens les plus rebelles d'entre vous se demander si cette procédure ne tourne pas à la quatrième dimension… Un peu ! Mais vous êtes seul libre de décider si cette purification vous paraît nécessaire ou non, et surtout si vous pouvez la réaliser.

Maintenant, dans chacun des endroits stratégiques choisis, placez, à côté des pétales de fleurs, des bâtonnets d'encens (d'Inde de préférence) que vous ferez brûler, ainsi que des herbes comme le romarin ou le genièvre, grands purificateurs, ou des huiles essentielles en fonction des désirs que vous souhaitez insuffler dans votre habitation (lire *La Bible de l'aromathérapie*, de Nerys Purchon et *La guérison vibratoire* de Deborah Eidson). Le gros sel est un élément indispensable ; vous pouvez par exemple laisser pendant vingt-quatre heures un peu de gros sel dans une petite assiette dans les coins de chaque pièce pour aider à la purification.

Puis traversez toute votre habitation dans le sens des aiguilles d'une montre en pratiquant **le clapping** ; cette technique très puissante consiste à taper des mains pour disperser de l'énergie. Vous pouvez repasser avec un bol chantant ou une cloche tibétaine.

Imaginez ensuite votre habitation au milieu d'une énorme bulle d'énergie, qui va d'une certaine manière sceller l'espace et éviter que toute la nouvelle énergie ne s'échappe.

Enfin, maintenant que vous avez fait le vide, il faut de nouveau remplir votre habitation de l'ensemble de vos souhaits. Lisez à haute voix la liste que vous avez écrite. Visualisez cette énergie positive se dissiper partout dans votre habitation, puis se poser sur un objet qui la symbolisera. Restez motivé et parfaitement convaincu que cela va arriver, et laissez agir.

Si tout cela vous dépasse, pas de panique et un seul conseil : nettoyez et rangez votre habitation. C'est le minimum « syndical » pour y voir clair et favoriser son feng shui.

Encens indien.

3e étape

L'environnement extérieur et le cadre de votre habitation

Il est bien évident que l'environnement est primordial, je le rappelle. Il ne sert à rien de procéder à une très jolie décoration si votre environnement est rempli de stress. Bien sûr, il n'est pas toujours possible d'agir sur votre environnement, à moins de faire construire.

Si vous faites construire, vous devrez de toute façon vous armer de patience. Cela m'a pris une bonne année pour dénicher le terrain de mes rêves – en lisière de forêt, avec une très belle vue, donc sur les hauteurs, bénéficiant d'espace, mais pas trop retiré ni isolé. Il faudra aussi adapter les contraintes du feng shui à celles de votre porte-monnaie et de votre lieu de travail.

Si vous cherchez le terrain de vos rêves, il va falloir que vous fassiez preuve d'imagination, et aussi de sensibilité. Comme on peut le voir sur ces deux photos, le terrain, bien que très ensoleillé et surplombé d'un magnifique ciel bleu, est aussi plein d'herbes hautes et d'arbres ; or, il n'est pas facile de visualiser le terrain après un déboisement éventuel – par exemple, la vue dont on va bénéficier.

Essayez donc de ressentir tout cela et de faire confiance à votre instinct. J'ai parlé plus avant de la géobiologie ; il peut être très important de faire réaliser une étude du sol, qui vous permettra d'être sûr que vous ne faites pas construire sur une source et vous évitera de rencontrer des problèmes de nature du sol lors des travaux.

Terrain avant.

En revanche, il faut encore et toujours faire fonctionner votre bon sens et votre intuition. Vous sentez-vous déjà chez vous quand vous foulez d'un bon pas le terrain... ou avez-vous déjà quelques grosses inquiétudes ? Imaginez-vous la maison construite ?

Pour ma part, j'ai ressenti le terrain dès ma première visite sans avoir eu nullement besoin de faire une étude de sol ni même de faire venir un géobiologue. Je sentais les bonnes énergies. J'avais également noté aussi qu'une rue des Sablons existait non loin de là ; j'en ai donc déduit que le terrain était certainement plein de sable, et donc facile à construire.

Rester à l'écoute de vos impressions et sensations et noter tous les « signes éventuels » sont les premières choses auxquelles vous devez faire attention.

Bonne recherche, si c'est votre cas !

1 – SITUATION

Privilégiez une habitation en hauteur plutôt qu'encaissée pour ne pas recevoir éventuellement des énergies négatives du voisinage ou autre (cimetière au-dessus, par exemple). La nature est bien sûr le must, mais habiter près d'un parc ou d'un espace vert relativement important convient aussi très bien. Vous pouvez par ailleurs vous protéger d'un entourage trop stressant, comme un rue très passante, un commissariat, un hôpital ou une prison, en posant des clôtures, des haies, des arbres, etc., dans votre jardin.

Vue de l'entrée côté nord-ouest.

2 – GESTION DU **CHI**

Évitez des lignes trop droites entre le portail éventuel et la maison ; préférez des courbes, qui ne traceront pas de « flèche de sha » (cf. « La circulation du chi », à la 9e étape) entre l'entrée du jardin et celle de la maison.

Vue terrasse sud-ouest et forêt.

Il est toutefois possible de ralentir la circulation d'énergie favorisée par une ligne droite. Par exemple, mettez des plantes ou des lumières sur le bord du chemin, disposez des graviers sur le sol, ou encore créez un « rond-point » entre votre portail et votre perron.

3 – **ENTRÉE** DE LA MAISON

Ne laissez pas vos poubelles juste à l'entrée de la maison, sinon toutes ces énergies pas très positives s'y engouffreraient. Des pots assez lourds remplis de fleurs ou d'herbes aromatiques parfumeront votre entrée et favoriseront un chi le plus positif possible.

Vue dégagée nécessaire à une bonne énergie.

4e étape
Le bagua

Le deuxième élément à connaître et à utiliser avant tout aménagement feng shui est le bagua. C'est un carré composé de neuf carrés (comme une grille de sudoku) dont chacun correspond à une zone précise. **Le bagua est toujours le même quelle que soit l'habitation.**

Les exemples ci-dessous vous aideront à mieux le comprendre, et surtout à l'adapter au plan de votre maison ou de votre appartement.

1 – CAS GÉNÉRAL

À partir de la porte d'entrée, placez le bagua sur le plan de votre maison ou de votre appartement. Chacun des neuf carrés déterminera l'emplacement de chaque zone ; vous verrez ainsi apparaître ce qui manque ou ce qui est en plus chez vous. Si c'est une extension, tout va bien : cela représente un dynamisme plus important dans une zone qu'il faudra veiller à ne pas affaiblir par des symboliques négatives.

Cette première opération vous donne **votre bagua général.**

Tableau des couleurs feng shui.

PIÈCES ZONES BAGUA

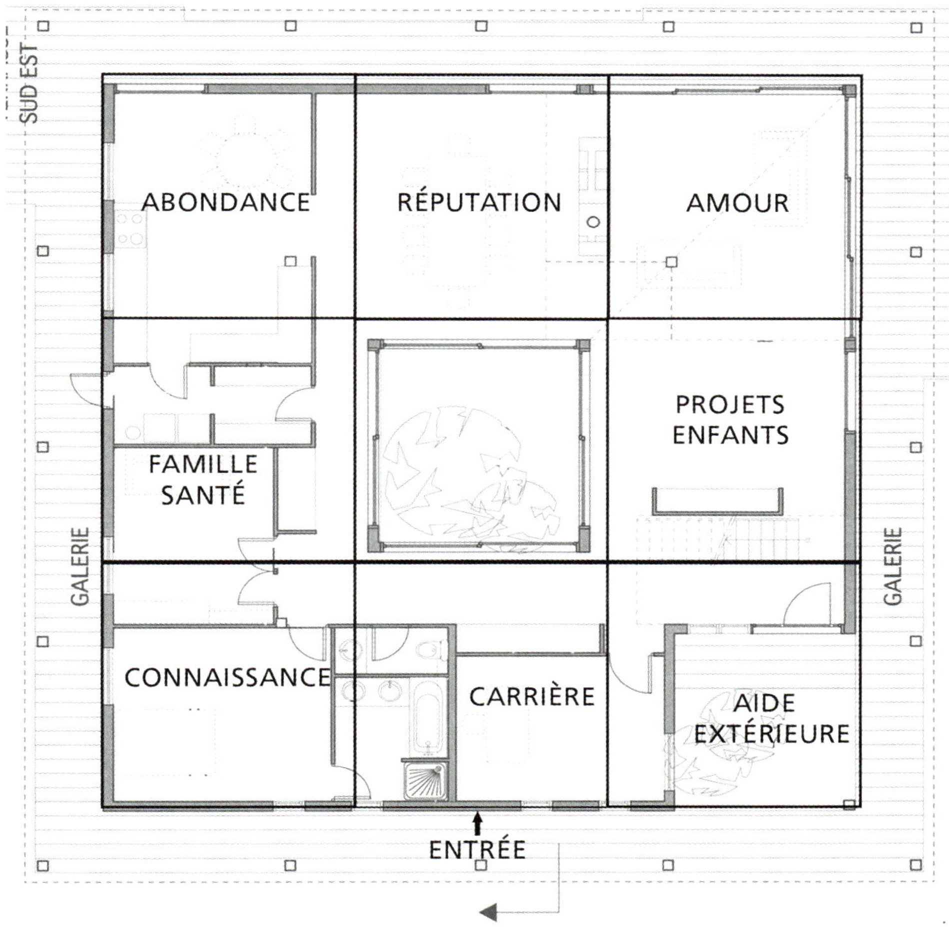

Placez ensuite le bagua sur le plan de chacune des pièces de votre maison ou appartement ; vous localiserez ainsi les différentes zones de toutes vos pièces et cela vous permettra ensuite de travailler celles qui vous intéressent.

Ces **sous-baguas** vous aideront à voir automatiquement d'éventuels manques ou extensions, et surtout à étudier le contenu de chaque zone pour savoir si vous êtes en concordance.

Si votre habitation comprend plusieurs pièces (le cas le plus fréquent), **ce sont les sous-baguas dans chaque pièce qui auront plus d'importance et qui devront donc être dynamisés.** À l'inverse, pour un loft, le bagua général conservera toute son importante.

De plus, une zone similaire dans le bagua général et dans une pièce en particulier devra retenir toute votre attention. Par exemple, si la zone abondance de votre bagua général est la même que celle de votre salon, vous devrez la dynamiser en priorité.

2 – DÉTERMINER **LES EXTENSIONS** OU **LES MANQUES**

Comment peut-on définir avec précision qu'on a affaire à une extension ou à un manque ? Quelquefois, la partie en manque ou en extension est quasiment identique, c'est pourquoi il est important d'avoir des plans précis.

- Si la pièce en extension occupe moins de 50 % du côté où elle se trouve, il s'agit d'une réelle **extension** de la zone en question.
- Si le vide créé par l'extension occupe moins de 50 % du côté où il se trouve, ce vide représentera un **manque.**

Voici deux schémas qui vont vous aider à bien cerner la présence d'une extension ou d'un manque.

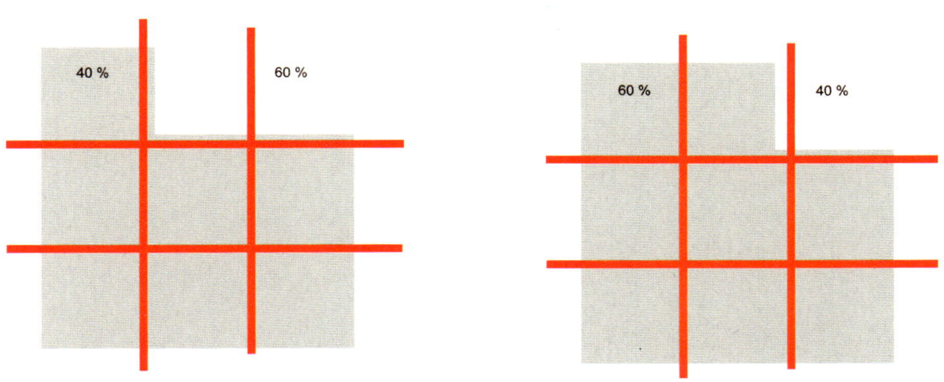

Le premier schéma montre une extension en zone abondance, le deuxième, un manque en zone amour.

4e étape

ANALYSEZ VOTRE CAS

3 – CAS PARTICULIER DES **PORTES QUI S'OUVRENT EN BIAIS**

Si votre porte d'entrée principale ou celle d'une de vos pièces s'ouvre en biais, ou bien si le plan à étudier est particulièrement important et pas spécialement carré, un travail supplémentaire doit être élaboré pour localiser les différentes zones. Vous devrez alors faire la moyenne entre le tracé du plan le plus grand et le plus petit ; ce qui dépassera ou manquera par rapport à ce tracé moyen deviendra votre bagua général, qui vous indiquera alors éventuellement les manques ou extensions des zones.

C'est de toute façon cette ligne moyenne qui sera considérée comme la limite de la pièce ou de l'habitation. Cela dit, très souvent, une porte qui s'ouvre en biais implique nécessairement des manques dans des zones. C'est rarement positif.

5e étape
Les zones du bagua
et leur symbolique

Maintenant que vous avez compris la notion essentielle qu'est le bagua, il s'agit d'en apprendre davantage sur ces fameux neuf carrés qui renvoient chacun à une zone précise et donc à une activité précise de votre vie.

Dans cette 5e étape, chaque zone est expliquée :

a) dans son **principe**,

b) avec des **plans** s'appuyant sur la conception de ma propre maison,

c) avec des **photos** illustrant la zone,

d) avec une **liste des symboliques** essentielles positives et négatives.

Vous ne pourrez de toute façon jamais créer l'idéal dans tout. Il vous faut donc évaluer vos priorités, puis essayer de les mettre en œuvre dans le plan de votre habitation si vous la créez ou bien modifier ce qui peut l'être dans le plan existant. De plus, vous aurez à faire face à une contrainte de terrain et serez de toute manière obligé de positionner la maison face à ce terrain. Quant à votre habitation actuelle, elle ne pourra pas être trop modifiée.

Ma maison n'est donc pas un idéal en soi, mais elle représente la synthèse la plus juste entre des contraintes de terrain, la vie de quatre personnes d'une même famille et un choix esthétique. Dans mon cas, le terrain faisait face à l'ouest avec une vue imprenable sur une vallée. Pour des raisons d'ordre écologique et bioclimatique, il était intéressant d'ouvrir la maison côté sud-ouest pour bénéficier d'un maximum de soleil dans la journée jusqu'au soir.

PLAN DU REZ DE CHAUSSÉE

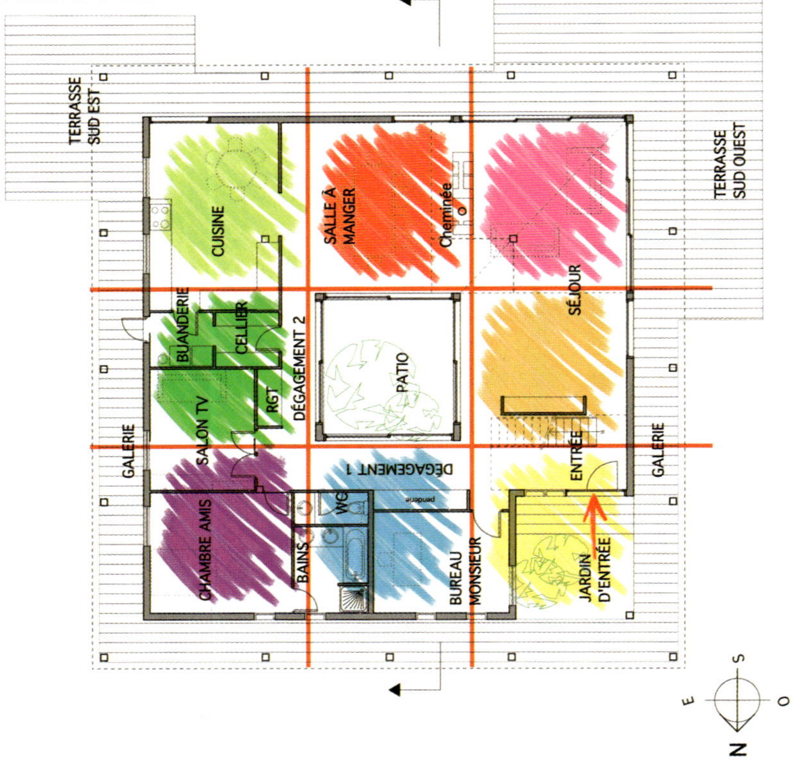

PLAN DE L'ETAGE

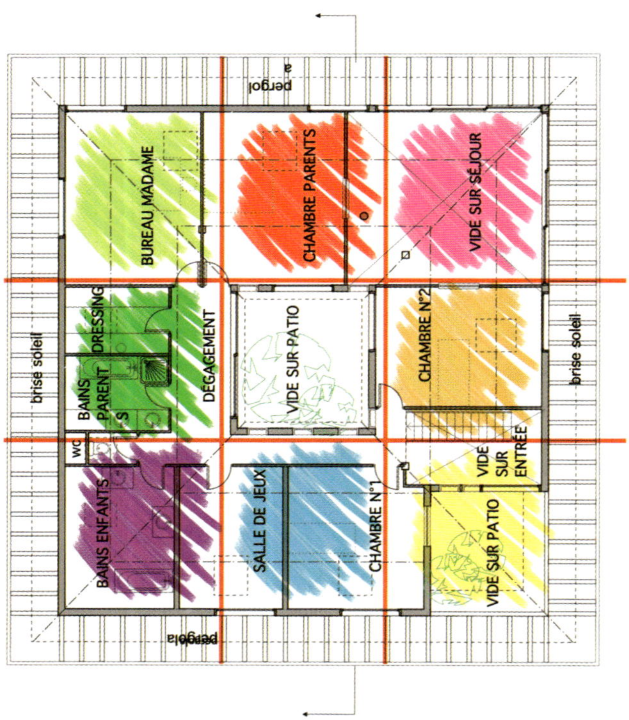

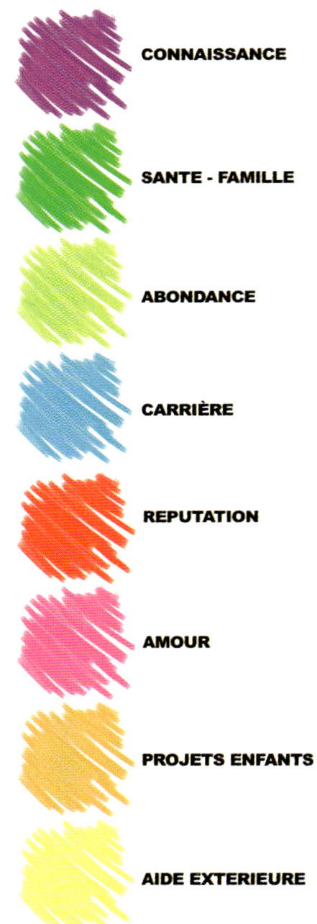

C'est la cuisine au sud-est et mon bureau à l'étage qui ont pris place dans la zone abondance. En effet, la cuisine, avec la préparation des repas, représente une symbolique d'abondance ; quant à mon bureau, son orientation me permet d'y rester connectée. De plus, la direction sud-est apporte une grande vitalité et renforce la créativité de la zone, empreinte de beaucoup de relations avec l'extérieur. Des éléments importants pour développer une activité très tournée vers les autres : le bureau et l'étude du feng shui, et un espace dans lequel la famille va préparer les repas et manger ensemble.

C'est la salle à manger plus au sud qui occupe la zone réputation. La vibration du sud permet beaucoup d'échanges d'idées et de relations avec les autres. Un espace idéal, donc, pour recevoir et prendre des repas entre amis. Un espace important aussi de par la zone réputation, car nous aimons recevoir et dynamiser notre vie sociale. D'autre part, on retrouve la chambre parentale à l'étage, qui place le couple en position forte dans son environnement et lui permet de pouvoir développer des relations plus facilement avec l'extérieur.

On trouve ensuite le grand salon dans la zone amour. C'est un salon cathédrale, donc qui occupe à la fois le rez-de-chaussée et l'étage, impliquant une ouverture dans cette zone. L'orientation sud-ouest du grand salon permet de renforcer un accueil convivial et chaleureux et d'apporter cette dimension dans le couple.

La zone projets/enfants accueille un petit salon au rez-de-chaussée, ainsi que la chambre de ma fille à l'étage. Cette zone étant très créative et ouverte sur les projets, c'est tout naturellement qu'y est installée la chambre de l'enfant le plus créatif de la maison pour le renforcer encore dans sa zone.

On trouve l'entrée de la maison et un petit jardin dans la zone aide extérieure. Si la maison n'était pas ceinturée par une terrasse et un « trou » aménagé par un petit jardin en partie couvert, cette partie représenterait réellement un manque de cette zone. Mais ce manque est amoindri par une partie couverte, aménagée de verdure et entourée d'une terrasse, qui crée un bagua général complet. Cela signifie aussi, en dehors de la vibration du nord-ouest, que la famille va beaucoup bouger (pour le travail) et voyager, l'aide extérieure représentant notamment les voyages et toute relation avec l'extérieur.

La zone carrière, au nord-ouest, accueille le bureau et l'espace de mon mari pour lui apporter plus de force dans sa vie de tous les jours, au même titre que notre fils, qui a sa chambre juste au-dessus, avec la salle de jeux, espace réservé aux enfants. Les W-C sont décalés par rapport à la zone carrière et la salle de bains des amis se trouve entre deux zones, ce qui réduit leur effet néfaste.

La zone connaissance est une zone difficile, dans laquelle on peut aménager une salle de bains ou des W-C, censés amoindrir l'énergie en place (les bonnes énergies s'en vont dans les égouts). C'est ce qui a été mis en place avec la salle de bains des enfants et les W-C à l'étage, et avec la chambre d'amis au rez-de-chaussée.

En revanche, comme je l'expliquais, on ne peut créer l'idéal parce qu'il faut répondre aussi aux contraintes d'une fluidité et d'une cohérence de conception. **Ainsi, la zone famille/santé est peut-être la zone la plus délaissée, avec la buanderie, les rangements et la salle de bains des parents à l'étage.** Mais on y trouve aussi un cellier, plein de réserves (très positif), et un salon avec la télévision, espace où se retrouve quand même beaucoup la famille. D'autre part, la cuisine, siège de la santé, placée en zone abondance et au sud-est, permet de contrebalancer des éventuels effets moins positifs de la zone dans le bagua général.

Même si certains espaces sont plus négatifs – pièces d'eau, W-C, rangements, buanderie... –, ils sont indispensables dans toute habitation et il faut réussir à les placer dans une zone. D'où la difficulté du choix, surtout quand on fait construire. Fiez-vous à vos intuitions et sentez quels sont les éléments les plus importants dont vous devez absolument tenir compte en fonction de vous, de votre famille et de votre vie.

La possibilité reste toujours offerte de dynamiser les espaces généraux plus faibles dans les zones concernées de chaque pièce.

1 – Zone abondance

a) Principe : située sur l'angle gauche en face, cette zone représente l'abondance sous toutes ses formes, que ce soit la trésorerie, les cadeaux ou les privilèges éventuels. C'est la zone par excellence qu'il faut dynamiser et bien étudier si on souhaite plus d'abondance dans sa vie (argent ou autres).

b) Plans

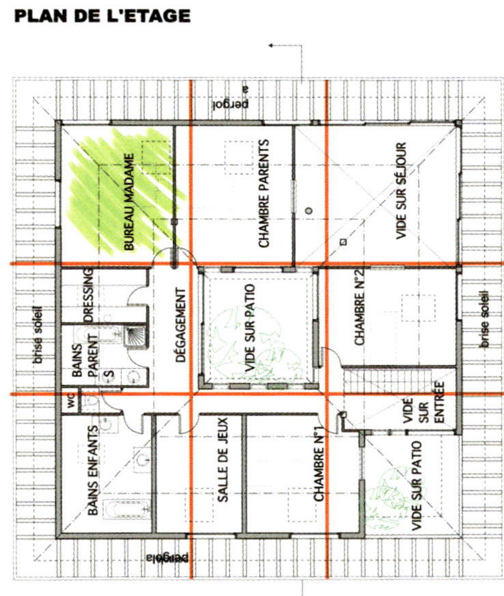

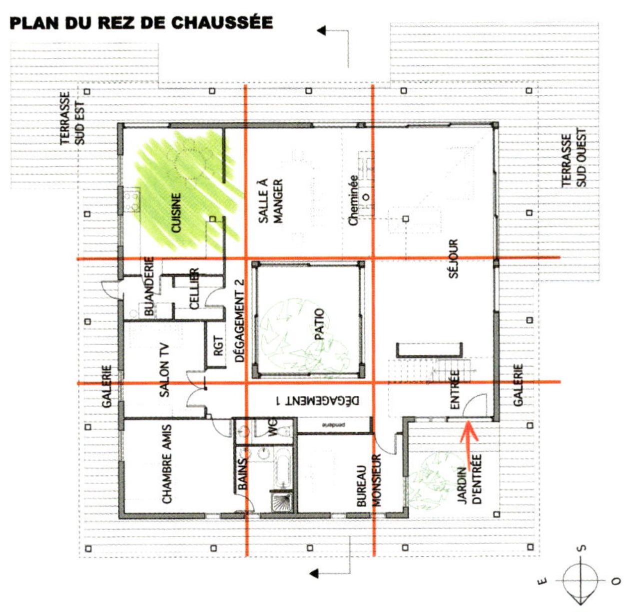

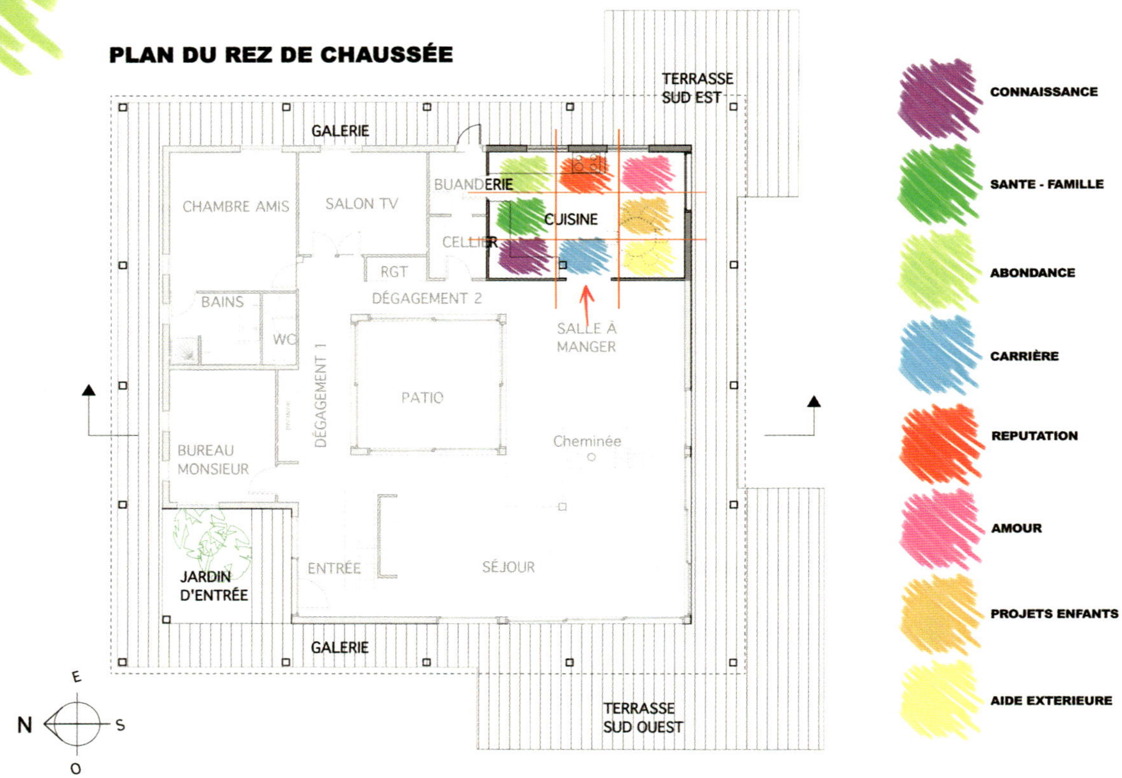

Remarque

Comme montré sur ces plans, il est important d'identifier chacune des zones sur le bagua général, puis ces mêmes zones dans chacune des pièces.
Faites-le pour la zone abondance comme indiqué, puis recommencez pour toutes les autres zones.

c) Illustrations

Bureau sud-est.

Chambre d'enfant.

d) Liste des symboliques les plus positives et les plus négatives dans cette zone

Positif +	Négatif −
• plante verte à feuilles rondes et en nombre impair de préférence, pour la dynamique (le nombre pair, lui, apporte la stabilité) • aquarium propre • fontaine, en nombre impair de préférence pour conserver l'impact dynamique • symbolique d'abondance quelle qu'elle soit	• poubelle • plante malade ou à feuilles pointues • téléviseur (il affaiblit la zone) • W-C, salle de bains ou évacuations d'eau (c'est la symbolique de l'abondance qui s'engouffre dans les égouts) • vase ou bouteille vide • toute symbolique non reliée à l'abondance

Salon, salle à manger.

2 – Zone **réputation**

a) Principe : cette zone est fondamentale car elle conditionne toutes les autres. Si celle-ci est mal agencée, rien ne pourra réellement fonctionner. Située au milieu en face, cette zone détermine votre image et votre représentation sociale. **Attention : évitez à tout prix une représentation d'eau, qui éteindrait le feu de la réputation.**

b) Plans

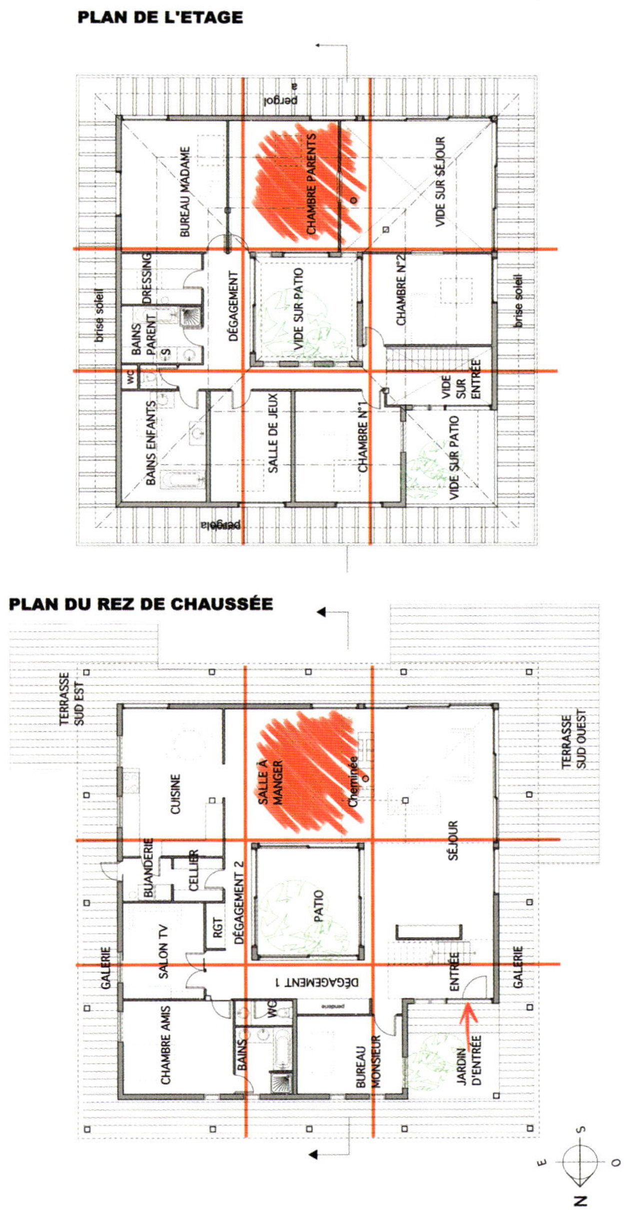

c) Illustrations

Vase et vraies fleurs.

Plante verte.

Zone réputation.

d) Liste des symboliques les plus positives et les plus négatives dans cette zone

Positif +	Négatif –
• soleil • couleurs rouge et doré • forte lumière • objet brillant • diplômes ou autres objets de réussite • bougie, plutôt en nombre impair pour dynamiser • cheminée • plante verte à feuilles rondes et en nombre impair de préférence • beau bouquet de fleurs • symbolique valorisante	• l'eau, qui éteint le feu de la réputation • poubelle • linge sale • plante verte malade ou à feuilles pointues • symbolique dévalorisante

Si votre réputation est en danger, **travaillez particulièrement l'entrée.**

L'entrée de votre habitation est primordiale parce que c'est une zone réputation à elle seule et que c'est par là que rentre le chi. Elle correspond à **votre vie sociale**, tout ce qui vous représente aux yeux des autres, ce qui vous met en valeur. Son importance est donc cruciale car c'est par elle que vont fonctionner toutes les autres zones. En effet, comment faire carrière, avoir de l'abondance dans sa vie, des projets nouveaux, nombreux et excitants si on bénéficie d'une très mauvaise image ? Impossible a priori. La réputation va nous relier au monde extérieur et contribuer à créer l'image que les autres ont de nous. Voilà pourquoi le rouge est la couleur idéale, qui va d'abord nourrir l'élément feu de la réputation, puis apporter la chaleur, la force qu'on peut ressentir dans cette couleur et qui va donc nous mettre en valeur. Soignez votre entrée : qu'elle soit lumineuse, spacieuse et la plus accueillante possible.

3 – Zone amour

a) Principe : très importante évidemment, cette zone est située dans l'angle droit en face ; c'est la zone de vos amours, de votre couple. Si vous souhaitez améliorer vos relations avec votre partenaire, en trouver un nouveau, etc., c'est sur cette zone qu'il faudra agir en premier lieu.

b) Plans

PLAN DE L'ETAGE

AMOUR

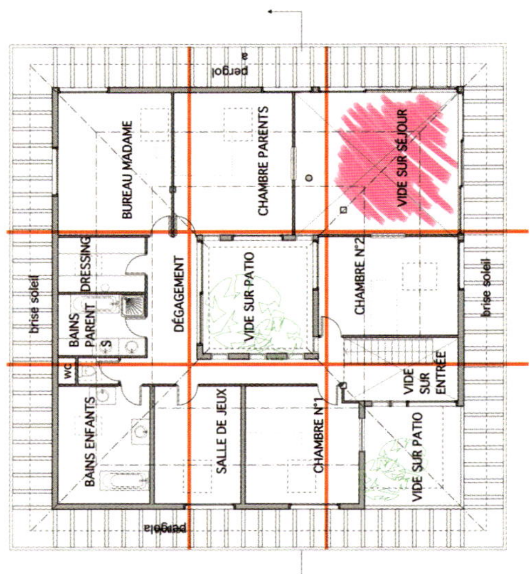

PLAN DU REZ DE CHAUSSÉE

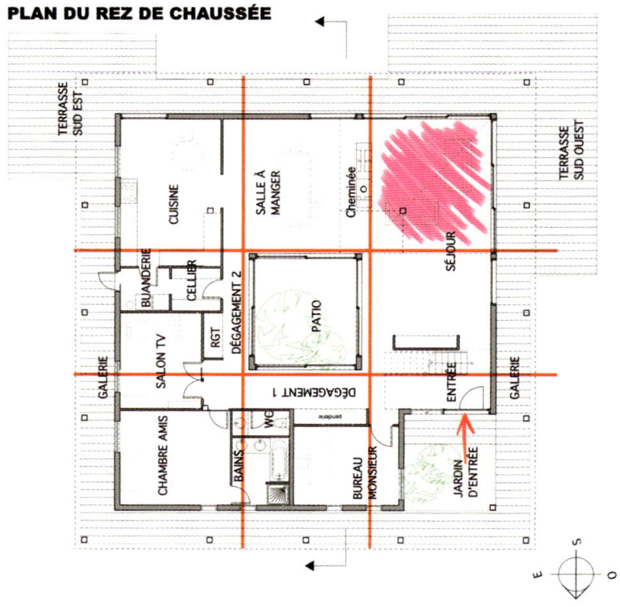

c) Illustrations

Zone amour chambre parentale.

Zone amour chambre d'amis.

Zone amour chambre d'enfant.

d) Liste des symboliques les plus positives et les plus négatives dans cette zone

Positif +

- couleurs de l'amour : rouge pour la passion, rose pour la tendresse, jaune pour la communication...
- beau bouquet de fleurs fraîches ou de fausses fleurs (la symbolique sera tout aussi efficace)
- bougies dans les couleurs de l'amour, et par deux
- représentation de couple
- symbolique d'amour

Négatif –

- photo de vos enfants (elles doivent figurer en zone santé/famille et projets/enfants)
- photo de vous ou de votre partenaire seul
- symbolique de solitude
- fleurs séchées, qui tuent le couple à petit feu
- plante verte malade ou à feuilles pointues
- cactus, plante d'isolement par excellence (il pousse dans les déserts !)
- vase ou bouteille vide

Si c'est l'amour qui vacille, il faudra vous occuper de la chambre et du lit.

Le sommeil est indispensable et réparateur. Il est donc logique que la chambre à coucher soit le premier lieu fondamental à soigner dans une habitation. On devra l'aménager au mieux dans le respect du yin, qualité indispensable au repos comparé au rythme yang de la journée. Utilisez des couleurs douces, une lumière tamisée, et surtout positionnez votre lit en dehors du chi, c'est-à-dire en dehors du tracé porte/fenêtre, avec la tête de préférence au nord ou à l'est. Il faudra ensuite soigner votre coin amour de la chambre ainsi que les couleurs d'ensemble... selon votre désir ou vos besoins.

4 – Zone projets/enfants

a) Principe : située sur le milieu du mur de droite, cette zone concerne votre avenir, vos projets, ainsi que vos enfants et leurs créations. Ce sera la zone par excellence où vous pourrez mettre en valeurs vos bambins, en exposant leurs dessins et autres dans leur chambre aussi bien que dans l'habitation. De même, si vous avez des projets précis, n'hésitez surtout pas à trouver une symbolique représentative, et la plus parlante possible, pour la mettre justement sur les murs de la zone projets/enfants de votre habitation.

On peut notamment recréer un minibagua avec toutes les zones dans la zone projets/enfants (ou dans la zone aide extérieure), qu'on appellera « cadre psychomagique ».

Cadre psychomagique.

b) Plans

PROJETS ENFANTS

PLAN DE L'ETAGE

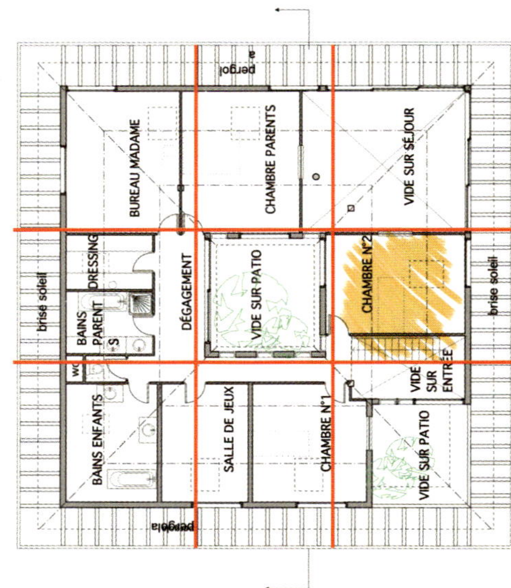

PLAN DU REZ DE CHAUSSÉE

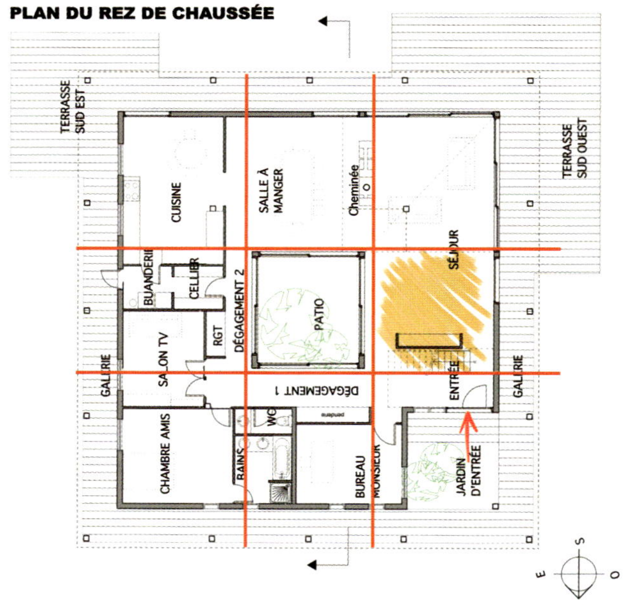

c) **Illustrations**

Chambres d'enfant.

d) Liste des symboliques les plus positives et les plus négatives dans cette zone

Positif +	Négatif –
• toutes les créations de vos enfants • tout ce que vos enfants apprécient et aiment • toute symbolique liée à l'ouverture et à la liberté (il s'agit de la zone avenir !) • toute symbolique liée au démarrage, à la naissance (on souhaite que les projets démarrent et prennent leur envol)	• le contraire, soit toute symbolique de fermeture, de danger, de peur, de violence • symbolique de tout ce qui est opposé à la jeunesse et à la nouveauté • téléviseur (il affaiblit la zone, ce qui n'est pas favorable à une bonne vitalité des enfants notamment)

5 – Zone aide extérieure

a) Principe : c'est l'angle en bas à droite. Zone des amis, de la chance et de tout ce qui vous relie à l'extérieur, il s'agit en fait de tous vos contacts avec l'extérieur, des voyages, etc. C'est la zone essentielle qui relie votre vie personnelle et familiale à votre vie extérieure. Elle représente vos amis, vos collègues de travail, les rencontres diverses...

b) Plans

PLAN DE L'ETAGE

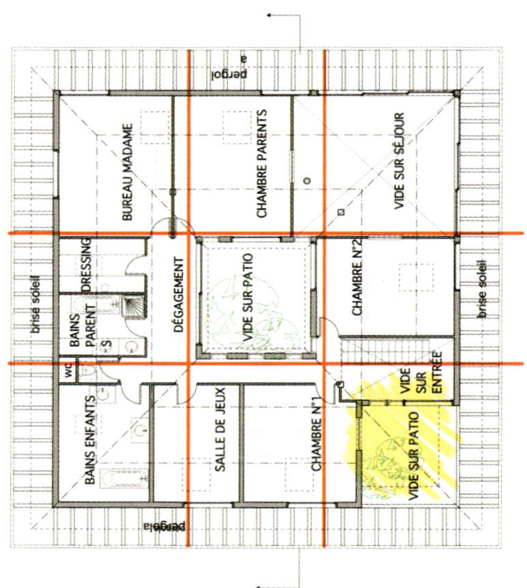

PLAN DU REZ DE CHAUSSÉE

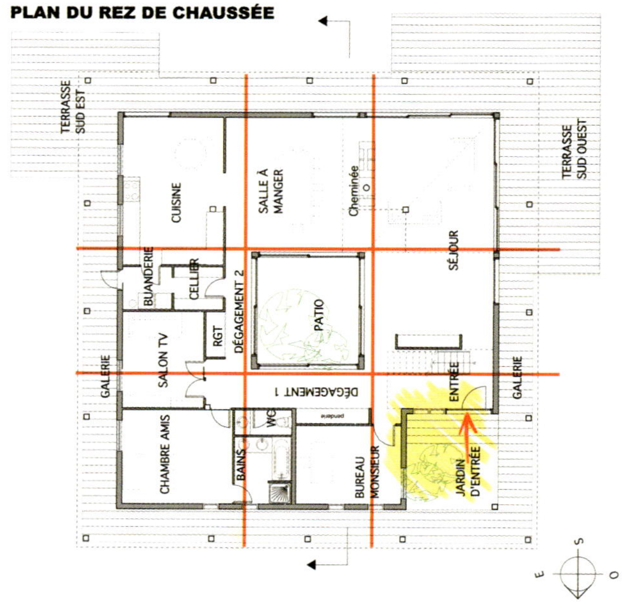

c) Illustrations

Bureau.

Petit salon.

d) Liste des symboliques les plus positives et les plus négatives dans cette zone

Positif +

- tous les appareils de communication, puisqu'ils vous permettent de vous relier à l'extérieur et particulièrement le téléphone dans un bureau pour multiplier les appels
- cartes du monde, paysages ou pays que vous souhaitez visiter
- photos d'amis ou cartes de visite de professionnels dont vous souhaitez l'aide
- plante verte à feuilles rondes, en nombre impair

Négatif –

- symbolique du désert (évitez de vous retrouver dans l'isolement et la solitude)
- toute symbolique pouvant repousser l'aide de l'extérieur
- plante malade ou à feuilles pointues

Cadre psychomagique chambre d'enfant.

6 – Zone carrière

a) Principe : c'est le milieu du mur de la porte d'entrée de la maison ou de la pièce. Cette zone concerne votre carrière, votre force personnelle et toutes les opportunités en général dans votre vie professionnelle. Elle est à étudier en connexion avec la zone réputation, car toutes deux sont évidemment intimement liées.

b) Plans

CARRIÈRE

PLAN DE L'ETAGE

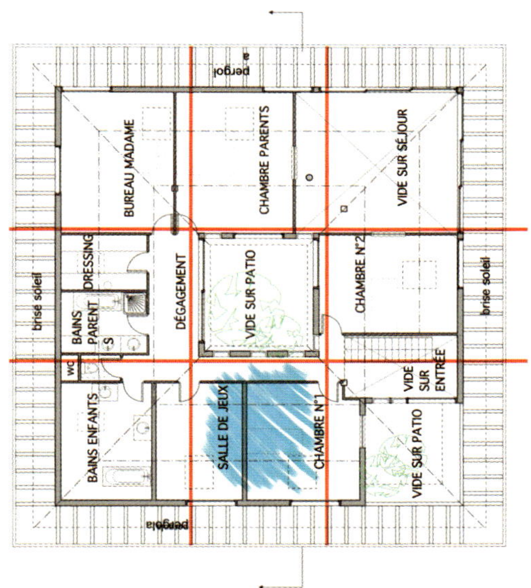

PLAN DU REZ DE CHAUSSÉE

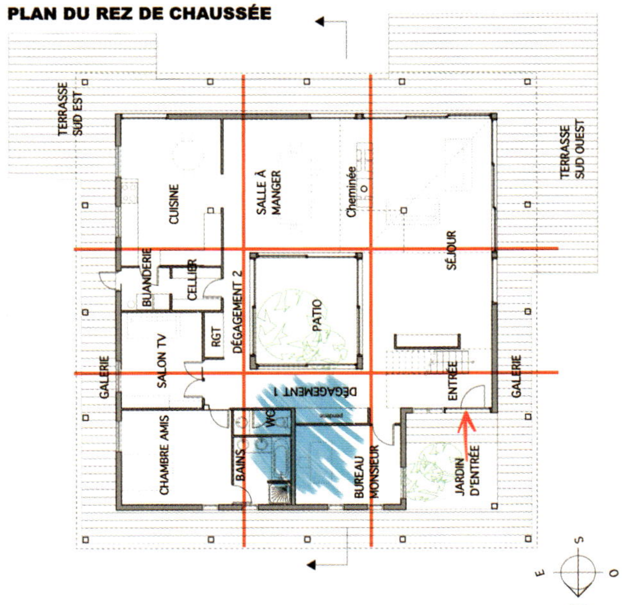

c) Illustrations

Éléphants.

Pierres.

d) Liste des symboliques les plus positives et les plus négatives dans cette zone

Positif +	Négatif –
• symbolique de force, de stabilité (montagnes, éléphants…) • tous vos rangements : penderies, armoires, grosses bibliothèques qui vous donnent plus de poids • plante verte à feuilles rondes • pierres ou galets amoncelés	• horloge (elle vous apportera du stress) • tout symbole d'instabilité, de fragilité • plante verte malade ou à feuilles pointues ou malade

Étagère.

7 – Zone santé/famille

a) Principe : située sur le milieu du mur de gauche, cette zone représente vos acquis, votre famille dans son ensemble et votre santé. C'est là qu'on préférera mettre les photos de famille – les photos d'enfants seuls étant plus à disposer dans la zone projets/enfants.

b) Plans

PLAN DE L'ETAGE

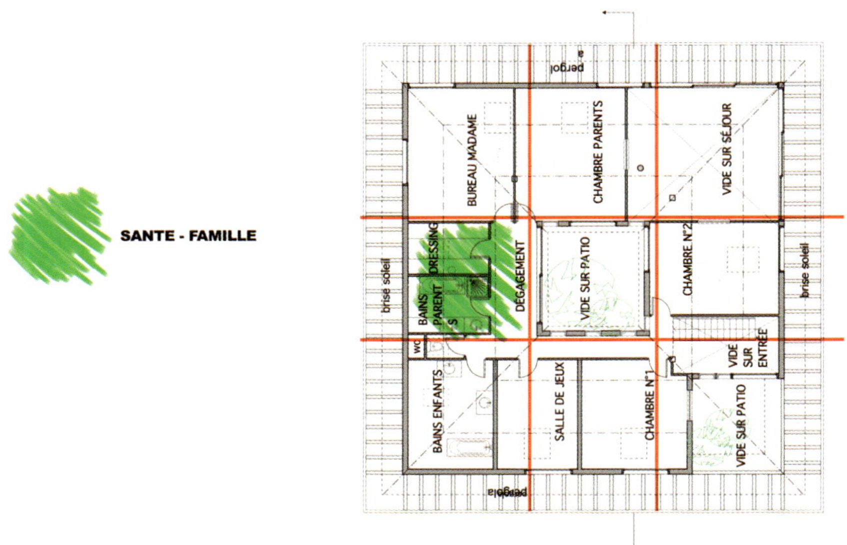

PLAN DU REZ DE CHAUSSÉE

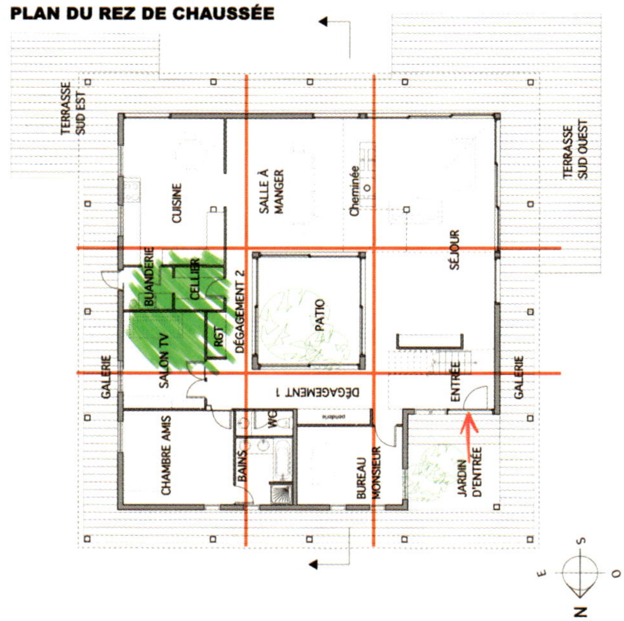

c) Illustrations

Vase et
faux bouquet.

Zone santé/famille
1er étage.

d) Liste des symboliques les plus positives et les plus négatives dans cette zone

Positif +	Négatif −
• toute symbolique d'abondance • plante verte à feuilles rondes • réserves alimentaires à profusion	• objet coupant • symbolique de mort (fleurs séchées, etc.), évidemment, puisqu'il s'agit de la zone santé (se référer à la « Liste de ce qu'il faut éviter à tout prix », p. 101) • vase et bouteille vide • téléviseur (il affaiblit la zone)

Si la santé vous fait défaut, **travaillez l'aménagement de votre cuisine.**

Pourquoi la cuisine est-elle si importante ? D'abord et surtout parce que cet espace est celui dédié à la santé ; il faut donc particulièrement le soigner et ranger, pour qu'il ne soit pas visible, tout objet coupant. D'autre part, il ne faudra pas coller l'évier à la cuisinière, ou tout au moins les séparer par du bois, pour éviter le conflit eau/feu (cf. « Les cinq éléments et les matériaux », de la 10e étape). La couleur rouge, enfin, n'est pas indiquée car trop violente pour notre santé ; on lui préférera du vert, de l'orangé, du jaune, à sélectionner en fonction de ses goûts et de ses objectifs (cf. « Les couleurs », de la 10e étape).

8 – Zone **connaissance**

a) Principe : elle est constituée par l'angle en bas à gauche. Cette zone représente les recherches intellectuelles et la spiritualité. C'est la zone de l'introspection par excellence. Elle nous relie aussi aux études.

b) Plans

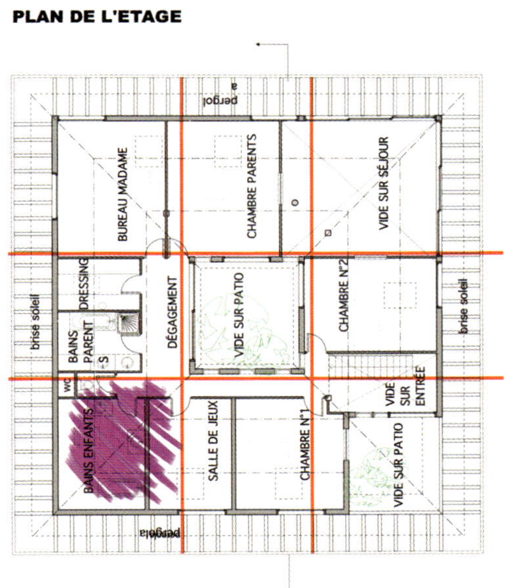

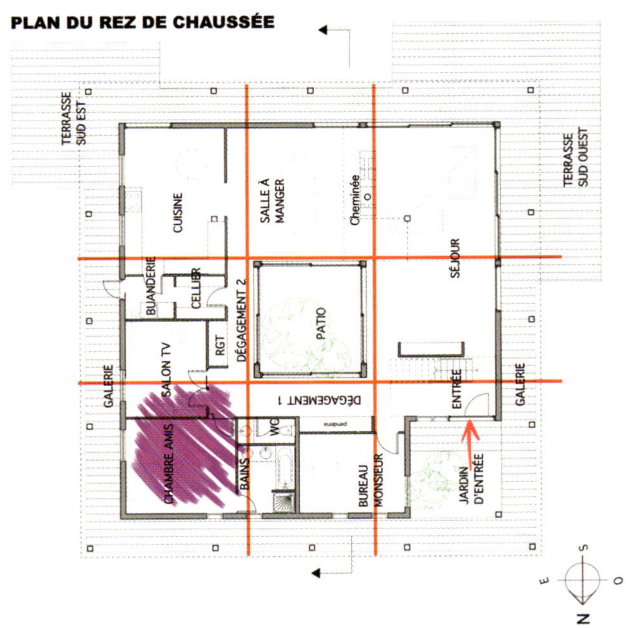

c) Illustrations

Thangha : Tara Blanche.

d) Liste des symboliques les plus positives et les plus négatives dans cette zone

Positif +	Négatif −
• bibliothèque, bien sûr, puisqu'il s'agit de la connaissance • tout ce qui a trait aux études en général et à la connaissance, à la découverte	• bouteille et vase vide • toute symbolique de fermeture

Ganesh, une divinité hindoue.

Chambre d'enfant.

À propos des zones

Il est important de bien comprendre aussi comment fonctionnent les zones entre elles. Si vous souhaitez améliorer une zone, vous ne pouvez le faire indépendamment des autres. Il faut savoir que chaque zone fonctionne particulièrement avec la zone qui lui fait face en diagonale.

Ainsi **les zones réputation et carrière sont intiment liées ;** vous ne pourrez améliorer votre carrière, activer des promotions si vous ne travaillez pas votre image.

De même pour les zones santé/famille et projets/enfants : c'est un axe qui concerne le temps du passé à l'avenir ; il est important de conserver un lien entre les deux zones et peut-être de les décorer ensemble.

La zone abondance et la zone aide extérieure sont aussi étroitement liées, car on reçoit de l'abondance par l'extérieur, que ce soit des cadeaux ou de l'argent. Là encore, il serait intéressant de les travailler conjointement. Et de se souvenir que c'est en donnant qu'on reçoit. Il faut essayer de vivre dans une logique d'abondance, s'ouvrir à elle et donc s'ouvrir finalement à l'extérieur, sans, surtout, se limiter.

Enfin, il est toujours très intéressant d'observer ensemble la zone amour et la zone connaissance. Ce qu'on trouve en zone connaissance (type de pièce, vibration cardinale, etc.) explique parfois grandement les difficultés que l'on peut rencontrer en amour.

Vous pourrez à tout moment vous reporter aux listes des symboliques les plus positives et les plus négatives dans chaque zone pour améliorer les secteurs à problème ou les dynamiser si besoin.

À éviter impérativement (quelle que soit la zone)

- **Les fleurs ou plantes séchées.** Elles véhiculeront la mort et la fin des choses dans la zone où elles seront placées.

- **Les cactus et plantes à feuilles pointues.** Ils introduiront chez vous la symbolique de difficulté et d'isolement. Il ne faut pas oublier que les cactus poussent dans le désert et que les yuccas sont extrêmement résistants, d'où le sentiment de souffrance qui peut leur être lié.

- **Les animaux empaillés.** Comme les fleurs ou plantes séchées, ils véhiculent la symbolique de mort. À bannir de toutes vos zones, à moins d'être chasseur professionnel !

- **Les armes.** Bien sûr, tous les objets tranchants et les armes à feu devraient être rangés dans des tiroirs. En tout cas, évitez d'en faire la collection (c'est pourtant souvent le cas !). Ils peuvent provoquer des accidents (en zone santé/famille) et de la violence ou de l'intransigeance dans vos relations.

- **Les crucifix.** Rien ne vous empêche d'avoir chez vous des représentations de Dieu positives, mais les crucifix véhiculeront dans la zone où ils seront placés la notion de sacrifice nécessaire pour trouver l'équilibre. C'est un choix.

- **Tout ce qui peut représenter la mort, le vide, l'isolement (objets, représentations aux murs, etc.).**

Un miroir dans une entrée face à la porte, qui renverra à l'extérieur toute l'énergie.

- **Des W-C, une salle de bains ou toute évacuation d'eau en zones abondance ou réputation.** Ils provoqueront des problèmes d'argent, voire des critiques ou des procès s'ils sont en zone réputation.

Je ne le préciserai jamais assez : l'eau sous toutes ses formes dans la zone réputation provoquera les mêmes effets qu'une salle de bains ou des W-C.

6e étape

La structure de l'habitation

Observez la structure de votre habitation ou de votre bureau pour identifier les manques ou les extensions dans telle ou telle zone.

Exemple : une maison ou un appartement qui présente un manque en zone amour provoquera nécessairement des problèmes de couple ou d'amour en général chez les personnes qui y habitent. Inversement, une grosse extension dans cette zone sera nécessairement un plus pour la vie de couple.

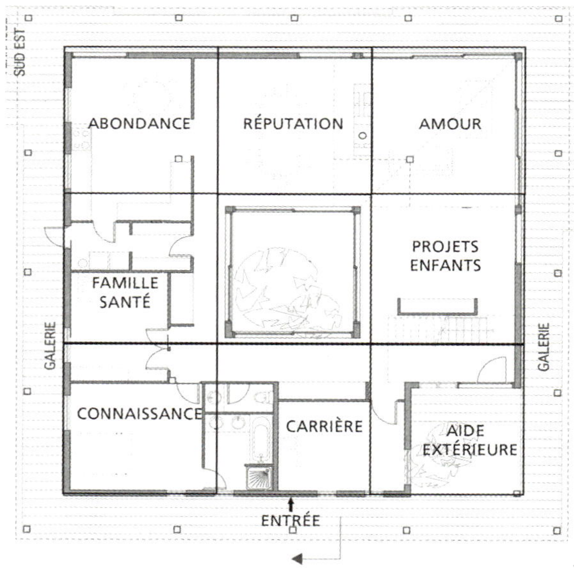

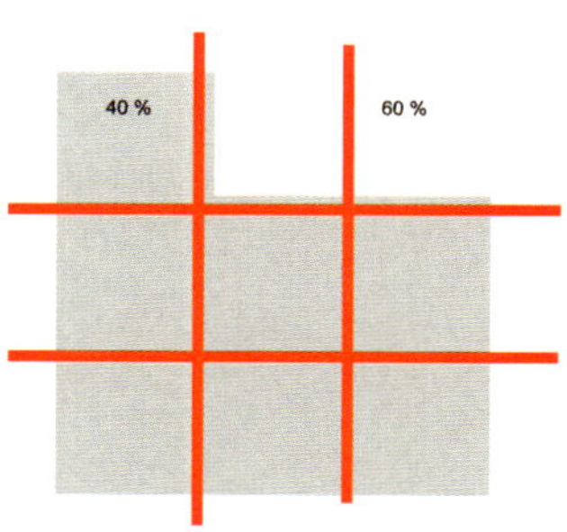

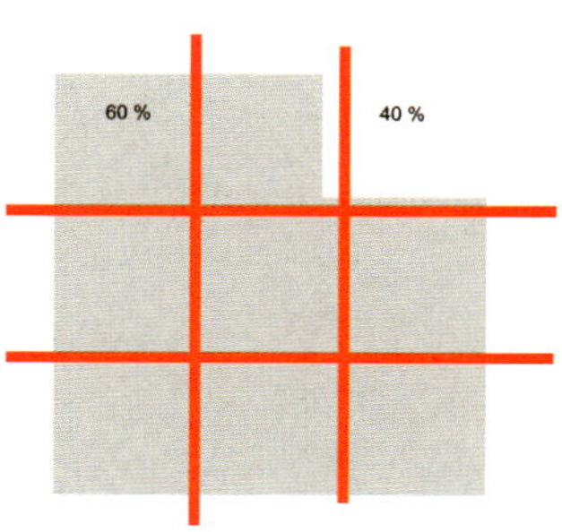

Le bagua appliqué sur le plan de la maison montre très clairement que chaque carré est rempli par un espace. C'est seulement si un espace est absent dans le bagua ou s'il dépasse du bagua qu'on pourra déterminer un manque ou une extension de zone.

Je souhaiterai donner plus de précisions quant à cette analyse de la structure. C'est un élément fondamental de toute l'analyse feng shui et pourtant... il paraît bien difficile d'y faire face. En effet, comment agir sur la forme du bâtiment, de votre maison ou de votre appartement ? Cette forme existe et est bien réelle. **Autant on peut agir sur une couleur en repeignant un mur ou en changeant une symbolique mais comment faire face à un coin manquant de la maison tout entière ?**

C'est vrai que ce paramètre constitue dès le départ un handicap sérieux dans la zone où il se retrouve. Et pourtant, il ne faut pas se laisser abattre car de nombreuses solutions existent, et pas si difficiles à appliquer.

La première solution est de **faire comme si ce manque n'existait pas**. Comment procéder ? Selon votre lieu d'habitation, maison ou appartement, terrasse ou non, plusieurs solutions s'offrent à vous.

- Si ce manque se retrouve par exemple sur une terrasse, il faudra essayer au maximum d'intégrer cette terrasse à l'ensemble de votre maison ou appartement en disposant par exemple des pots assez lourds remplis de belles plantes vertes d'extérieur (à bouts ronds bien sûr), de fleurs, aussi, tout autour du périmètre concerné. Cela contribuera notamment à diminuer l'effet du manque. Ensuite, l'idéal serait d'intégrer complètement cette terrasse en la couvrant sur le dessus. Ce n'est pas si compliqué qu'il y paraît. Vous pouvez par exemple dresser une grande toile qui fera office de pare-soleil l'été et de déco tout le reste de l'année.
- Si cette « terrasse » n'existe pas, vous pouvez engager des travaux et créer cet espace supplémentaire si les conditions le permettent.
- La situation la plus difficile à gérer est bien sûr celle où votre manque se retrouve dans la cage d'escalier de l'immeuble ou même dans un autre appartement. Il faudra dans ce cas-là user d'autres solutions moins évidentes. L'une d'elles consiste à poser sur le mur en face du

coin manquant un miroir. Le miroir va refléter ce qui manque et créer de manière artificielle la zone déficiente. En revanche, il faudra ajouter dans la zone manquante reflétée par le miroir un maximum d'éléments. Ces éléments devront être choisis très soigneusement pour permettre de dynamiser une zone pourtant absente à l'origine. Selon la zone, vous devrez choisir parmi les symboliques les plus adéquates. Des plantes vertes seront toujours les bienvenues, en nombre pair pour une zone amour, impair pour une zone abondance, une zone réputation ou encore une zone carrière – le nombre impair apportant une dynamique dans le changement. Une symbolique aux murs pourra par ailleurs renforcer la dynamisation voulue. Le mieux est de vous référer à la liste des symboliques positives selon chaque type de zone vue précédemment.

La deuxième solution à utiliser en même temps que la première, c'est bien sûr de dynamiser le coin manquant dans toutes les autres pièces de votre maison ou appartement.

Comme le tableau ci-après vous l'explique, il est simple de comprendre que si votre habitation montre un espace manquant dans votre maison, **il va falloir multiplier les manifestations d'abondance partout et particulièrement dans les zones abondance des pièces où l'abondance justement a toute sa force.** Dans ce cas-là notamment, il faudra dynamiser la zone abondance des pièces à vivre comme le salon, la salle à manger, l'entrée et bien sûr le bureau de travail, symbole de l'argent rapporté par le père de famille.

Aucun cas n'est donc désespéré : des solutions s'offrent toujours à vous, il suffit de les mettre en œuvre. De plus, il peut arriver de bénéficier en contrepartie d'une extension dans une autre zone, qui aura alors l'effet inverse et pourra peut-être contrebalancer les effets négatifs du manque...

Cas personnel

CE QU'IL FAUDRA FAIRE...

Si vous êtes dans le cas d'un ou de plusieurs manques, sachez que vous devrez intervenir sur la zone manquante à la fois dans la zone principale et dans toutes les zones de chaque pièce, selon le tableau récapitulatif ci-dessous.

Zone manquante	Aménager au mieux
ZONE ABONDANCE	salon, salle à manger, bureau, entrée
ZONE RÉPUTATION	salon, salle à manger, bureau, entrée
ZONE AMOUR	salon, salle à manger, chambre des parents
ZONE PROJETS/ENFANTS	salon, salle à manger, chambre des parents, bureau, chambres d'enfants
ZONE AIDE EXTÉRIEURE	salon, salle à manger, bureau, chambre des parents
ZONE CARRIÈRE	salon, salle à manger, bureau, entrée
ZONE SANTÉ/FAMILLE	salon, salle à manger, bureau, cuisine, chambres
ZONE CONNAISSANCE	salon, salle à manger

7e étape

Les orientations géographiques de l'habitation

Observez les orientations géographiques de votre habitation ou de votre bureau et celles de chaque pièce. Ces orientations vous inciteront notamment à vous aider des couleurs pour rehausser ou minimiser une vibration cardinale selon vos envies et le type de pièce.

Chacune des orientations cardinales véhicule une vibration différente avec laquelle on peut jouer dans le choix des couleurs, par exemple pour élever ou réduire la vitalité.

Notez l'orientation de chacune de vos pièces – mettez-vous au centre de votre maison ou de votre appartement avec une boussole pour déterminer les orientations de chacune des zones –, puis consultez les « Symboliques principales des orientations » ci-dessous pour avoir une première idée de l'énergie qui y circule.

Le plan de la maison (ci-contre) nous donne les indications suivantes :

- **abondance au sud-est**
- **réputation au sud**
- **amour au sud-ouest**
- **projets/enfants à l'ouest**
- **aide extérieure et entrée principale au nord-ouest**
- **carrière au nord**
- **santé/famille à l'est**
- **connaissance au nord-est**

Ces données sont de précieuses informations quant à la vie de la famille. Vous pouvez analyser beaucoup d'éléments ou créer votre propre plan en fonction des orientations géographiques, qui ont chacune une vibration cardinale particulière.

Le gros intérêt de cette maison est qu'elle bénéficie de toutes les vibrations cardinales. Même si chacune baigne une zone de sa vibration,

PLAN DU REZ DE CHAUSSÉE

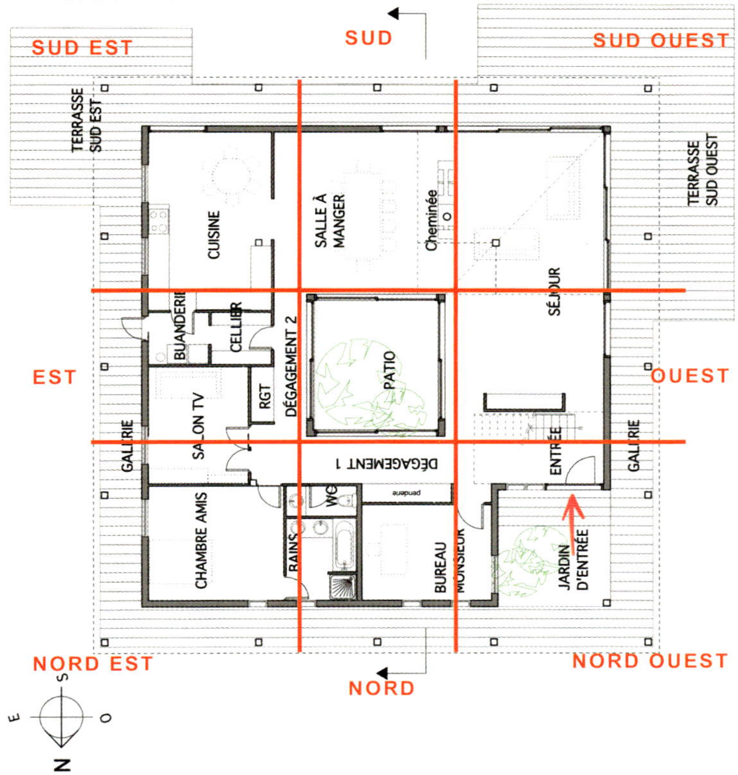

ce qui est intéressant, c'est d'apporter un équilibre aux habitants par de simples ouvertures dans chaque paroi de la maison – la maison est ouverte tout autour. Et cela évite de multiplier les effets de telle ou telle orientation si elle est la seule ou si elle coexiste avec une seule autre.

Enfin, il est toujours important de noter la situation de l'ouest, qui apporte des remises en question importantes ; mais, comme toujours, il faut garder du recul et observer tous les paramètres. En outre, l'ouest devra bien se trouver quelque part…

Dans l'exemple de cette maison, l'ouest se trouve dans la zone projets/enfants. On pourrait donc penser que cette zone va peut-être rencontrer des difficultés, mais on trouve à cet endroit des grandes ouvertures avec une vue magnifique et très lointaine, qui éloigne d'éventuelles difficultés et donne au contraire de grandes perspectives d'avenir. **Il est donc primordial d'étudier toujours tout un contexte et non un seul élément sorti du contexte.**

SYMBOLIQUES PRINCIPALES DES ORIENTATIONS

Le nord

Jamais touchée par le soleil, cette orientation apporte beaucoup de stabilité et d'ancrage, mais elle peut aussi renforcer la timidité et un sentiment de solitude. Le nord est ainsi susceptible de réduire notre vie sociale et nos contacts avec l'extérieur, en opposition avec le sud.

Le nord-est

Le nord couplé avec l'énergie ascendante du matin à l'est va apporter du courage et de la résistance et favoriser une expansion toute progressive.

Le sud-est

L'est apporte son lot d'ascension et de mouvement, le sud, un sentiment d'ambition ; leur combinaison peut conduire à trop de paraître.

L'est

Avec l'est, c'est l'optimisme, la créativité, la confiance en soi et le dynamisme qui vont être très présents. Méfiez-vous de trop de dispersion.

Le sud

C'est tout le contraire du nord. Ici, une énergie de réussite et de vie extérieure prédomine. La liberté et l'ouverture apportée par le sud peut aussi conduire à l'exagération.

Le sud-ouest

Le côté vie extérieure et fête du sud se mélange au lâcher prise et à la lenteur de l'ouest ; cela va amener des relations plus intimes au sein de la famille.

L'ouest

C'est le soleil couchant et son lot de vibrations de fin des choses et de fin de journée. Il faut être patient car on perd aussi ses énergies, et cela se répercute dans la zone et dans la pièce où l'ouest se trouve. Il faudra donc apprendre à lâcher prise.

Le nord-ouest

Cette direction amène la vibration du lâcher prise de l'ouest et l'organisation du nord. C'est très positif pour un recentrage de ses activités et de ses pensées.

Cas personnel

Ce qu'il faudra faire…

Notez pour chacune de vos pièces son orientation principale, puis reportez-vous à l'énoncé de la vibration cardinale et voyez si celle-ci correspond à ce que vous souhaitez vivre dans cette pièce.

Exemple : votre chambre à coucher baigne plein ouest, ce qui signifie qu'il ne s'y passera peut-être pas grand-chose. Cette passivité ou attente entraînera même quelques remises en question. Selon votre âge et votre situation de couple, essayez d'imaginer le changement désiré et jouez sur chaque élément de la chambre pour en modifier les vibrations dans le sens souhaité.

Exemple : votre cuisine donne plein nord. Certainement que le fait même de faire la cuisine n'est plus au goût du jour. Tout le cérémonial autour de la préparation des repas est devenu très standard et très basique. Vous souhaitez que cela change. Nécessairement, il faudra égayer cette cuisine de couleurs qui réchaufferont le nord et ramèneront de la fantaisie, de la convivialité si tel est votre désir. Du jaune orangé pourrait alors être parfait, ainsi que des symboliques adéquates.

Exemple : votre salon donne plein sud. Cela signifie que vous adorez recevoir, inviter beaucoup d'amis, mais cela se fait plus dans le paraître que dans une intimité très conviviale. Vous souhaitez que cela change ? Jouez avec les couleurs de votre salon ou autres.

Faites de même pour chacune des pièces de votre habitation. Très souvent, il se peut que la maison ou l'appartement baigne dans une ou deux vibrations seulement. Tenez-en encore plus compte, cela signifie que la vibration cardinale en question est particulièrement puissante et que, si votre désir de changer est important, il faudra agir sur l'ensemble des paramètres possibles. Il est évident que, dans l'idéal, l'habitation devrait être baignée par l'ensemble des quatre orientations géographiques principales, car elles sont toutes importantes et complémentaires, et apportent ainsi un équilibre fondamental et très enrichissant (comme dans l'exemple de ma maison). Il est certain qu'une habitation qui ne bénéficie que d'une ou de deux orientations (comme c'est malheureusement souvent le cas) va subir les effets négatifs de ces orientations : trop de rigueur si c'est le nord ou trop de remise en question si c'est l'ouest.

8e étape

La situation de chaque pièce par rapport aux zones du bagua

Observez la situation de chaque pièce par rapport aux zones du bagua ; cette situation va induire des conséquences non négligeables dans la vie des habitants. **Avoir le choix de cette répartition représente bien sûr une opportunité incroyable de diriger ses aspirations et ses envies en tenant compte de toute la famille.**

Exemple : une chambre en zone abondance va connecter le couple à l'argent et amener beaucoup de discussions à ce sujet, alors qu'une chambre en zone amour est la zone parfaite pour que les relations s'épanouissent.

Zone abondance

cuisine

bureau

PLAN DU REZ DE CHAUSSÉE

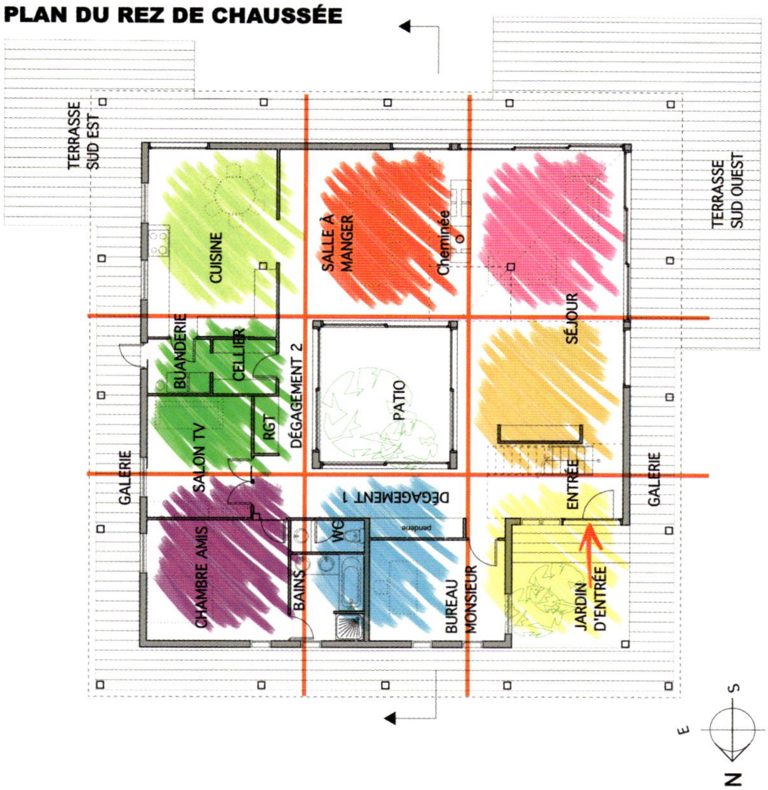

CONNAISSANCE

SANTE - FAMILLE

ABONDANCE

CARRIÈRE

REPUTATION

AMOUR

PROJETS ENFANTS

AIDE EXTERIEURE

PLAN DE L'ETAGE

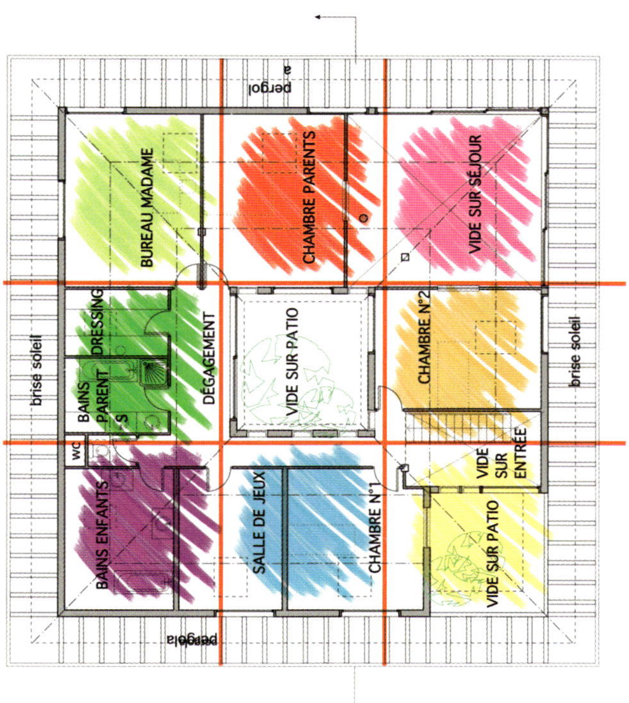

8e étape

Zone réputation

chambre

salle à manger

Zone amour

salon

Zone projets/enfants

petit salon

chambre d'enfant

Zone aide extérieure

patio

Zone carrière

salle de jeux

chambre d'enfant

bureau

Zone connaissance

chambre d'amis

salle de bains

Zone santé/famille

salle de bains

salon avec télévision

Cas personnel

Ce qu'il faudra faire…

Notez pour chacune de vos pièces dans quelle zone du bagua elle se trouve. Voyez si cela correspond à une logique à laquelle vous aimeriez aspirer. Sinon, modifiez.

Votre chambre à coucher est-elle en zone amour ou en zone connaissance ? Dans le premier cas, on peut parler d'idéal ; dans le deuxième, cette position peut amener le couple à se découvrir de manière inattendue.

Des W-C se trouvent dans votre zone abondance générale ? Faites en sorte de réellement dynamiser toutes les zones abondance de votre habitation, puisque vous savez que c'est un élément très néfaste en feng shui.

La chambre de votre enfant se trouve en zone réputation ? Ne soyez pas surpris qu'il soit un peu capricieux et qu'il se prenne pour le centre de la Terre ! Si sa chambre est dans la zone aide extérieure, cela l'obligera à se débrouiller tout seul. L'effet positif peut être différent selon le tempérament de l'enfant.

Quelle que soit la situation, il est souvent difficile de changer la position des pièces. Si cela peut être néfaste selon vous, soyez vigilant et dynamisez les zones en question.

Regardez aussi la zone en diagonale. Qu'y trouve-t-on ? Comment peut-on établir un rapport entre les deux ?

Couplez ce résultat avec l'orientation géographique. Cela s'annule-t-il ou va-t-il dans le même sens ? Réagissez en fonction du résultat.

Exemple : la chambre du couple se trouve en zone amour, a priori l'idéal, mais donne à l'ouest, donc les amours vont subir des remises en question. En diagonale, on trouve la chambre de leur premier nouveau-né : les difficultés à venir du couple vont certainement concerner la gestion de leur nouveau-né, les changements d'habitude, etc., toutes les nouvelles contraintes que peut provoquer l'arrivée d'un enfant chez un jeune couple. Comme la chambre de l'enfant est en zone connaissance, le couple va devoir réapprendre à vivre autrement. Cela va être difficile. Il va falloir passer le cap. La situation risque d'aller au clash si le couple ne cherche pas à communiquer et comprendre.

On voit ainsi qu'avec juste quelques éléments croisés on peut analyser toute une situation qui sera vécue par la famille !

9e étape

La circulation **du chi**

On ne voit pas le chi, mais il est présent partout. J'en ai déjà parlé au début de cet ouvrage. Le chi, ou souffle du dragon dans la philosophie chinoise, est la circulation d'énergie dans l'environnement et dans l'habitation. C'est le fameux cinquième élément après le feu, l'eau, la terre et l'air. On l'appelle aussi le prana. Le feng shui nous apprend à le cerner et à le réguler afin de bénéficier d'une circulation la plus fluide possible, pas trop rapide pour ne pas générer de stress et pas trop lente non plus pour une bonne dynamique dans son habitation.

C'est donc une base essentielle. Il faut le gérer à l'extérieur de son habitation et à l'intérieur. Alors seulement, il sera possible de mettre en place ses aménagements feng shui pour une efficacité optimale.

Grand salon.

PLAN DE L'ETAGE

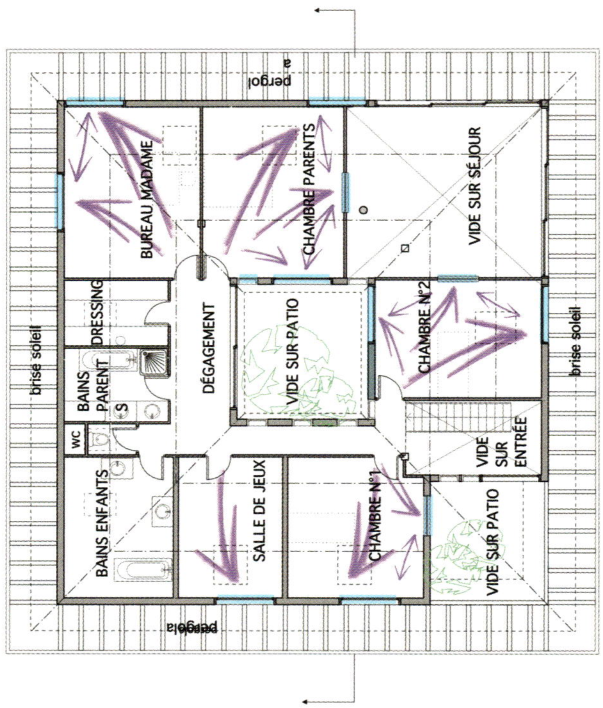

PLAN DU REZ DE CHAUSSÉE

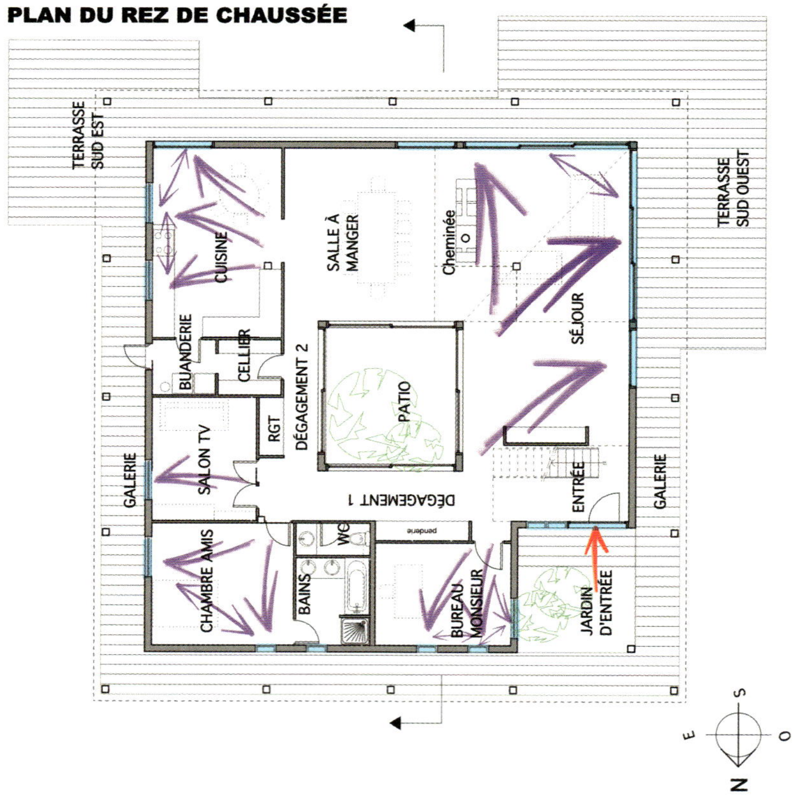

À partir de ces plans, on peut apercevoir le tracé du chi entre portes et fenêtres et entre fenêtres et fenêtres. Bien sûr, il a été mis en évidence (il a l'air de prendre toute la place) pour vous aider à vous rendre compte de son éventuel parcours ; mais tout a été étudié dans les moindres détails pour permettre de placer lits et bureaux, les éléments les plus importants, en dehors du chi.

Pour les salons, la contrainte est moins importante car on n'y reste pas trop longtemps. En revanche, le chi est la raison pour laquelle deux salons sont aménagés : l'un permet de profiter de la vue et de recevoir, et l'autre, plus protégé, permet de se poser plus longtemps, pour lire par exemple.

Grand salon pour recevoir.

1 – L'EMPLACEMENT DES **MEUBLES**

Deux règles de base sont primordiales à comprendre quant au chi.

a) Le chi céleste (du ciel) rencontre le chi tellurique (de la Terre) au centre de la maison ou de l'appartement pour ensuite se disperser tout autour. **Une première règle consiste donc à libérer au maximum le centre de l'habitation comme le centre de chaque pièce** afin de permettre au chi de circuler librement.

Exemple du patio intérieur qui applique concrètement ce principe.

b) La circulation du chi se fait entre les portes et les fenêtres. **On évitera donc de placer son lit ou son bureau dans le passage entre les ouvertures, « en plein chi »,** ce qui générerait fatigue et stress. S'il n'est pas possible de faire autrement, on peut mettre un baldaquin sur son lit pour rejeter le chi, ou même un meuble à côté du lit qui pourra détourner son parcours. Quant au bureau, il vaut mieux le placer devant un mur que devant une fenêtre, surtout si on y travaille de manière continue.

EXEMPLE DU CHI POSITIF ET NÉGATIF DANS UNE CHAMBRE

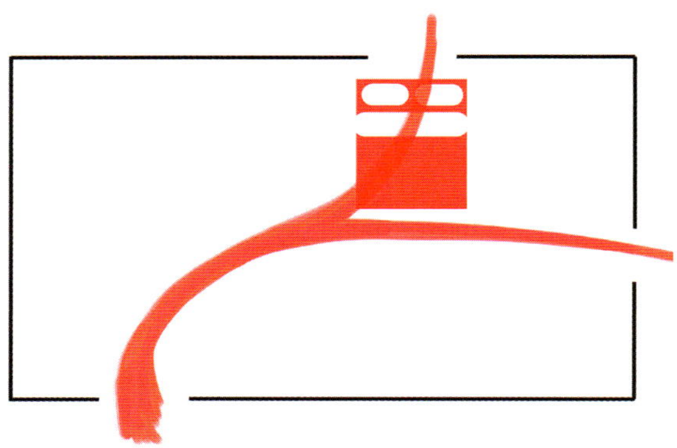

Schéma 1 :
Le lit est exactement entre la porte et une fenêtre.

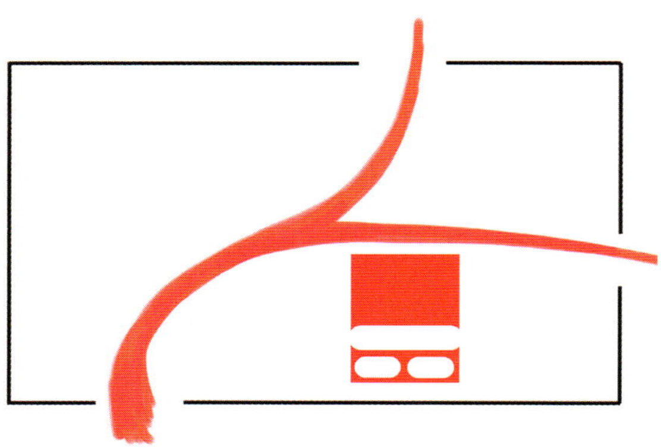

Schéma 2 :
Le lit évite ce tracé mais n'est pas dans sa meilleure position ; depuis le lit, on ne voit pas bien qui rentre et on reçoit un peu le chi de balayage de la porte d'entrée.

Il existe quatre principaux types de chi.

- **Le chi coupant :** tout angle de mur, de poutre crée un chi coupant qu'il faudra au maximum masquer par un voilage ou des peintures pochoirs. Évitez de placer au-dessus du lit des étagères, qui engendrent nécessairement du chi coupant.
- **Le chi stagnant :** la poussière, les toiles d'araignées, des coins sombres sont du chi stagnant en puissance. Un bon feng shui commence par un rangement et un nettoyage réguliers.
- **Le chi de balayage :** il est provoqué par l'ouverture de la porte et peut s'étendre sur plusieurs mètres. On évitera donc de placer dans son rayon bureau ou lit, ou on protégera le lit par un baldaquin ou un meuble repoussant le chi.
- **La flèche de sha :** elle se caractérise par une ligne droite qu'on peut retrouver dans l'environnement proche de son habitation ou dans l'habitation elle-même. Cette forme rectiligne va accélérer le chi et générer un très gros stress. Plus la flèche de sha est longue, plus elle est négative. Il faut dans cette configuration ralentir son parcours par des obstacles (mobiles, tapis, lumières, carillons, etc.).

Entrée de la cuisine.

Couloirs.

Cas personnel

Ce qu'il faudra faire...

Vérifiez dans chaque pièce où sont placés les bureaux, les lits, les meubles, comment est organisée votre habitation, s'il y a des longs couloirs rectilignes sans aucun arrêt, etc.

Pas étonnant que votre fils n'arrive pas rester à son bureau, vous vous rendez compte aujourd'hui qu'il est placé exactement sous la fenêtre et dos à la porte !

Quels sont les moyens à votre disposition ?

- Modifiez l'emplacement des meubles dans la mesure du possible. Sinon, posez des baldaquins sur les lits pour éloigner l'énergie.
- Les mobiles ou carillons vont permettre une harmonie et ralentir ou accélérer le chi. Les tapis aussi ralentiront le chi, à moins qu'ils n'aient des motifs rectilignes.
- Les plantes vertes et les fleurs vont augmenter la qualité de l'énergie présente dans une habitation. Vous pouvez les utiliser en très grand nombre, mais ne prenez que des **plantes à feuilles rondes.**
- Les cristaux à facettes sont merveilleux pour dynamiser l'énergie. Vous pouvez constituer des petites guirlandes et les accrocher aux fenêtres, particulièrement efficaces si l'orientation est à l'ouest ou au nord et dans une zone qu'on souhaite améliorer.

2 – L'UTILISATION DES **MIROIRS**

Il faut savoir qu'un miroir double tout ce qu'il reflète et surtout renvoie l'énergie qu'il reçoit.

- Évitez de placer un miroir face à une porte d'entrée si vous voulez conserver l'énergie dans une pièce ou dans l'habitation.
- Placez un miroir en face d'une zone à dynamiser pour doubler ce qu'on aura placé à l'endroit stratégique, et faites très attention à ce qu'il reflète.
- Placez plutôt les miroirs face à l'est et au nord afin de refléter les vibrations les plus positives. Évitez par exemple de placer des miroirs face à l'ouest.
- Placez des miroirs juste en face des salles de bains ou des W-C pour repousser leurs énergies et réduire ainsi les effets néfastes de ces pièces.
- Évitez les miroirs dans les chambres, qui accentueraient l'énergie non propice à un sommeil réparateur. De plus, le miroir face au lit doublera la symbolique de deux personnes et accentuera ainsi le risque d'adultère.

Miroir soleil, le seul possible dans une entrée car il absorbe les énergies au lieu de les renvoyer.

Utilisation des miroirs dans l'entrée.

3 – OÙ PLACER **L'ESCALIER** ?

L'escalier est le lien permettant ou non à l'énergie de circuler dans l'habitation, et notamment de monter à l'étage. Il faut donc être vigilant sur sa position. Veillez à ce que rien n'entrave la montée ou, au contraire, prévoyez de ralentir la montée du chi au profit du rez-de-chaussée.

Bonne disposition

- L'escalier ne devra pas être juste en face mais par exemple perpendiculaire à la porte.
- Prévoir une assise la plus importante qui soit pour conserver un bon ancrage à l'escalier.

Mauvaise disposition

- Un escalier juste en face de la porte d'entrée va engouffrer l'énergie en haut et empêcher qu'elle se dissipe au rez-de-chaussée. Il faut donc créer des astuces pour ralentir la montée (carillons ou mobiles dans l'escalier, par exemple).
- Évitez des contremarches trop ouvertes pour ne pas laisser s'échapper le chi qui monte à l'étage.

Début de l'escalier : la plante verte de l'autre côté ne laisse pas s'échapper le chi qui monte à l'étage.

4 – LA GESTION DES **CHAMPS ÉLECTROMAGNÉTIQUES**

Je reviens sur ces champs électromagnétiques que j'ai évoqué en parallèle de la géobiologie dans le premier chapitre. On en parle, mais si peu. Pourtant, ces champs ont une importance non négligeable : téléviseurs, ordinateurs, four à micro-ondes et jeux vidéo, autant d'appareils qu'on utilise régulièrement tout au long de la journée. En fait, ils sont tous nocifs parce que l'énergie qui permet de créer l'image, par exemple, s'échappe aussi à l'extérieur. Ces rayonnements peuvent atteindre deux mètres et s'échappent aussi bien de l'avant que de l'arrière du téléviseur ou de l'ordinateur.

Comment s'en préserver ? En faisant comme je l'ai fait dans ma maison : pas de téléviseur ni d'ordinateur dans les chambres pour ne pas perturber le sommeil. Aménager, quand cela est possible, des pièces spécifiques pour la télévision et prévoir de la regarder à au moins deux mètres. **Les cristaux comme l'améthyste et le cristal de roche** ont a priori des propriétés pour absorber les champs électromagnétiques, on pourra donc en placer près des appareils en question.

5 – LES **RANGEMENTS**

Les rangements tiennent une place très importante dans la gestion du chi, et particulièrement du chi coupant ou du chi stagnant. Coupant parce que très souvent on a besoin d'étagères pour ranger, justement, et stagnant parce si on ne range pas le bazar s'accumule, et le chi stagnant avec lui. Et tout cela est loin d'être feng shui et très positif pour l'harmonie et la bonne fluidité de la maison.

Je vais donc vous donner quelques astuces pour gérer au mieux vos rangements quelles que soient les pièces concernées.

- **Les chambres d'enfant.** Leur sujet est le plus délicat, car comment faire comprendre à un enfant que sa chambre en bazar va avoir une influence négative sur son comportement ? Essayez de leur faire ranger leur chambre régulièrement, surtout le soir avant de dormir ; cela leur permettra d'apaiser l'énergie du lieu et d'y trouver un meilleur sommeil. Beaucoup de rangements de jouets existent, comme les casiers empilables. Apprenez à vos enfants à trier régulièrement leurs affaires pour éviter l'accumulation de chi stagnant et d'objets cassés.

- **La chambre parentale.** Évitez les placards suspendus ou les fameuses étagères qu'on retrouve à la tête du lit. Ces dernières ont le même effet que les poutres. Le chi que représente un amas de livres au-dessus de votre tête ne va certes pas vous aider à vous endormir paisiblement, ni à dormir, d'ailleurs. D'autre part, le chi coupant que peuvent renvoyer les angles des étagères sera très négatif et pourra provoquer des douleurs importantes.
- **La cuisine.** Cet espace est primordial puisqu'il est un siège important de votre santé. C'est donc un espace fondamental où le rangement doit être optimum pour que la pièce bénéficie d'un chi le plus fluide et le plus positif possible. Faites en sorte que votre réfrigérateur soit toujours le plus propre et le plus rempli possible pour symboliser votre abondance. Et évitez de conserver des denrées pourries ou périmées. Rangez vos surfaces de travail pour un chi toujours fluide et ne les surchargez pas. Rangez aussi les couteaux dans des tiroirs pour les empêcher de renvoyer leur chi négatif.
- **L'entrée.** L'entrée est votre image ; or, mettre les pieds dans un amas de chaussures ou de manteaux est loin de donner une image de vous favorable. Le chi, là encore, devra être fluide. Un placard pour entreposer les manteaux et les chaussures quand on rentre est un bien inestimable. Il permet de conserver une entrée toujours fluide, propre et accueillante, et il est important d'en prendre conscience. Pensez-y. Il est toujours possible d'y remédier, de trouver une petite commode pour y ranger les chaussures et qui servira aussi de console – la déco fait aujourd'hui que le choix est sans limites.

Vous l'avez donc compris : le feng shui, c'est avant tout faire place nette dans sa maison, instaurer un chi fluide et se débarrasser absolument du désordre dans chaque pièce de la maison, y compris dans la salle de bains. Tout ce qui encombrera votre maison encombrera votre vie. Le chi est définitivement l'élément du feng shui qui va générer tout le reste. Car même les couleurs sont une énergie qu'on va juste apprendre à doser selon ses propres envies et besoins. Alors débarrassez-vous de tout ce qui vous encombre, des vêtements que vous ne portez plus, de tout ce que vous conservez en vue de les utiliser un jour... mais que vous n'utilisez jamais et qui surchargent vos placards inutilement. Les déménagements sont toujours une très bonne chose car ils nous obligent à faire de la place et à jeter. On prend conscience de notre besoin d'accumuler, qui correspond ni plus ni moins à notre besoin de conserver le passé... et de ralentir la nécessité d'aller plus loin, plus vite.

Alors, enlevez enfin toutes ces boîtes que vous gardiez sous votre lit ! Pour quoi faire au fait ?...

10e étape

La décoration intérieure

Décodez toute **la décoration intérieure** en passant par les couleurs, les bibelots, les symboliques placées aux murs (tableaux, affiches...), l'éclairage, qui ont une réelle signification. Il est essentiel de bien réaliser que chaque détail a son importance.

Comme je l'ai expliqué précédemment, vous avez maintenant compris qu'il va être intéressant de jouer avec tout votre intérieur pour atteindre vos objectifs et un meilleur bien-être. Et ne plus subir, comme c'est malheureusement trop souvent le cas.

Après diagnostic final de vos problèmes, vous pourrez puiser dans ce qui va suivre concernant les cinq éléments et les matériaux, les cinq animaux, le yin et le yang, les couleurs, la lumière et les odeurs. **L'intérêt sera de jouer avec TOUS ces éléments pour corriger les difficultés rencontrées et les effets recherchés.**

Extérieur jardin/terrasse.

1 – LES CINQ ÉLÉMENTS ET LES MATÉRIAUX

On retrouve les cinq éléments – le feu, la terre, le métal, l'eau et le bois – dans tous les matériaux qui composent notre habitation. **On peut les utiliser de manière productive (+), pour bénéficier d'une énergie positive, ou à l'inverse les utiliser dans leur cycle destructif (-), afin de générer une énergie de résistance.** Les matériaux ont donc une importance fondamentale.

Si j'ai choisi de construire ma maison en bois de la manière la plus écologique qui soit, ce n'est évidemment pas un hasard ; c'est pour moi participer à une même démarche que de vouloir une maison écologique, donc la plus saine possible, et de combiner les éléments du feng shui censés apporter un plus grand bien-être.

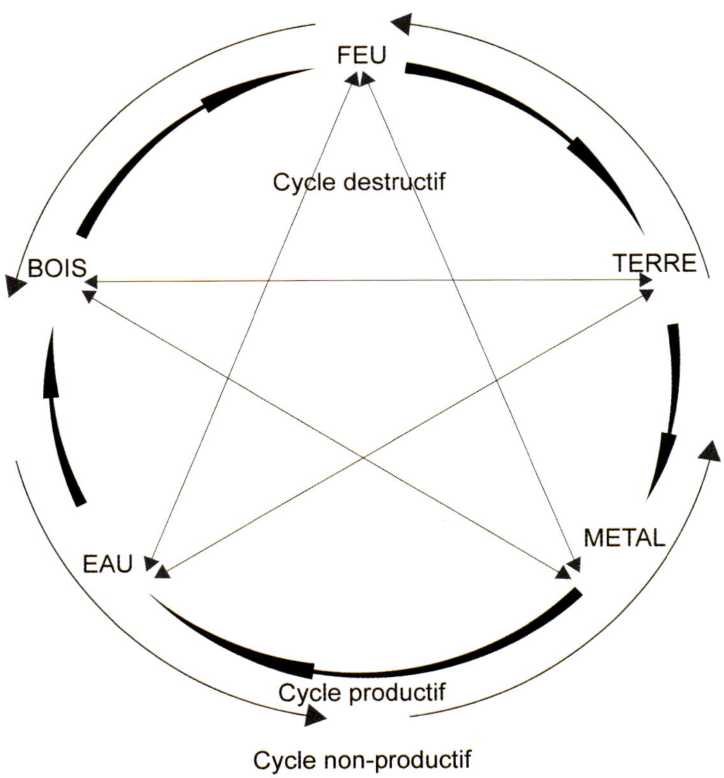

Façade de la maison.

- **Le feu nourrit la terre (+) et fait fondre le métal (-)**

Le feu va stimuler la créativité, la passion, mais aussi la réputation. Mettre cet élément dans toutes vos zones réputation vous aidera à travailler une très bonne image, fondamentale dans tout votre feng shui. N'en abusez pas, cependant, il peut engendrer stress et dispersion.

Les éléments feu : cheminée, bougie, éclairage...

Luminaire.

- **La terre produit le métal (+) et retient l'eau (-)**

Cet élément nous permet de garder une forte connexion avec la terre. Il va donc nous apporter sa stabilité, sa prudence. Il nous aide aussi à combattre toute impulsivité. En revanche, trop de terre nous apporte ennui, lenteur et lourdeur. À doser, donc, avec modération.

Les éléments terre : terre cuite, carrelage, terre du jardin, statues, ciments, marbre, pots de fleurs...

- **Le métal nourrit l'eau (+) et tranche le métal (-) :**

Le métal va stimuler nos affaires et aider à une meilleure gestion ou organisation. Mais il peut aussi freiner nos projets, nuire à l'épanouissement de nos enfants et réduire notre créativité si notre monde est fait de beaucoup de métal.

Les éléments métal : accessoires de bureau et de salle de bains, fer forgé, appareils électroménagers, aluminium...

• **L'eau nourrit le bois (+) et éteint le feu (-)**

L'eau est propice au calme, permet un bon sommeil et réduit le stress. À l'excès, l'eau peut vous rendre mélancolique et vous faire vous replier sur vous-même.

Les éléments eau : fontaine, aquarium, éviers, W-C...

• **Le bois alimente le feu (+) et consomme la terre (-)**

Le bois est d'abord idéal pour les enfants : il stimule les projets, la créativité, les activités nouvelles ; il ne favorisera donc pas les acquis et la stabilité en général. En revanche, dans le cas d'une construction en bois, il faut simplement prévoir une forme plus carrée qui contrebalancera l'effet bois et apportera justement la stabilité et l'ancrage à la créativité – si on le souhaite.

Remarque

L'important est de doser tous ces éléments dans son intérieur en fonction de ses envies, de son tempérament, de son métier, etc., et d'éviter au maximum tout cycle destructif comme le fait d'avoir un évier juste à côté de la cuisinière (eau et feu à séparer par du bois).

Zone réputation de la cuisine.

2 – LES CINQ ANIMAUX

Il existe cinq animaux mythiques dans la philosophie du feng shui, qu'on retrouve dans l'environnement autour de notre habitation et dans notre intérieur selon l'organisation de chaque pièce.

Le serpent représente notre ancrage et notre stabilité dans la vie quotidienne. C'est la base de notre corps. Il sera figuré par les fondations de notre maison.

Le dragon est notre féminité, notre sensibilité. Il est plutôt constitué par la partie gauche de notre corps. On le retrouvera sur le côté droit de la maison (vue de l'extérieur). L'absence de dragon dans une maison signifie que le féminin, et donc les femmes, s'épanouira difficilement.

Le tigre en revanche, de par son agressivité, représente le masculin dans toute sa puissance. Il est constitué par la partie droite de notre corps. Il sera toujours préférable de contrôler son impulsivité, et donc de retrouver le tigre plus bas par rapport au dragon. Il est la partie gauche de la maison en la regardant de l'extérieur.

La tortue est notre fameuse carapace. On la retrouve dans notre tête de lit, dans le fauteuil qui nous sert de protection au bureau. Notre dos doit être protégé en permanence pour résister à toutes les épreuves ; la tortue sera donc l'arrière de notre maison.

Les arbres à l'arrière représentent la tortue et sa carapace.

Le phoenix est la face de notre maison ; il représente nos perspectives d'avenir. Il vaut mieux bénéficier d'une belle vue depuis sa maison, ou en tout cas éviter d'ouvrir sa porte d'entrée sur un mur, si on veut pouvoir développer ses projets.

Une maison équilibrée privilégiera donc des fenêtres de part et d'autre de la porte d'entrée pour garantir le bon épanouissement de chacun.

Phoenix : vue.

Ouverture sur les perspectives d'avenir.

3 – LE YIN ET LE YANG

Un bon feng shui réalise un équilibre parfait (indispensable) entre le yin et le yang à travers les matériaux, les couleurs, la forme des meubles, etc., utilisés.

C'est la raison pour laquelle j'ai choisi dans ma maison de grandes ouvertures rondes (œils-de-bœuf de 1,20 m de diamètre) ainsi que des poteaux ronds pour soutenir la pergola. Cette forme apporte beaucoup de yin et donc beaucoup de douceur à une maison de forme carrée très yang.

Le yang, c'est le masculin, l'action, la volonté. On retrouvera donc le yang dans les objets et formes qui sont rectangulaires et rectilignes et dans les matériaux plus denses comme le bois foncé, le carrelage, la pierre. On utilisera une énergie plus yang dans les pièces tournées vers la vie sociale comme le salon, la salle à manger, le bureau de travail ou la cuisine.

À l'inverse, le yin incarne la féminité, la douceur, les courbes. On utilisera donc cette énergie dans des pièces propices au repos comme les chambres et les salles de bains.

YIN	YANG
voilages, rideaux	volets
tissus à motifs	tissus unis ou à carreaux
tapis	carrelage
eau	feu
bois clair, bleu, vert, violet, marron, noir	bois foncé, métal, rouge, orange, jaune, blanc, rose
teintes pâles, bleu, vert, violet, marron, noir	teintes lumineuses, flash, blanc, jaune, orange, rouge, rose
formes courbes et arrondies	formes carrées et géométriques
lignes horizontales	lignes verticales

OBJETS YANG, YIN ET ÉQUILIBRE NÉCESSAIRE ENTRE LES DEUX

Meuble de forme yang mais de matière yin.

Meuble de matière yang et coussins yin.

Meuble en bois yang et de forme yin.

Meuble yang et coussins yin.

Voilage et tissu yin, couleur yang.

Coussin yin, couleur et dessin yang.

Coussins yin et couleur yang/yin.

Symbolique fleur yin et couleur yang.

OBJETS YANG, YIN ET ÉQUILIBRE NÉCESSAIRE ENTRE LES DEUX

Courbes des meubles
et couleur yin.

Vase avec des fleurs
très yin.

Couleur yang et chaises yin.

Meuble de l'entrée de forme yin
mais de couleur yang.

OBJETS YANG, YIN ET ÉQUILIBRE NÉCESSAIRE ENTRE LES DEUX

Petit salon réalisant un équilibre entre le yin et le yang.

Ouverture ronde pour apporter du yin dans une cuisine très yang.

Ouverture ronde très yin.

Équilibre yin et yang dans le salon et la salle à manger.

Il faudra donc tenir compte de la sensibilité de la pièce. Dans la recherche de l'équilibre, on forcera plus sur le yin ou sur le yang selon la pièce et toujours à travers les couleurs utilisées, les types de meubles, leur forme et les matériaux, etc.

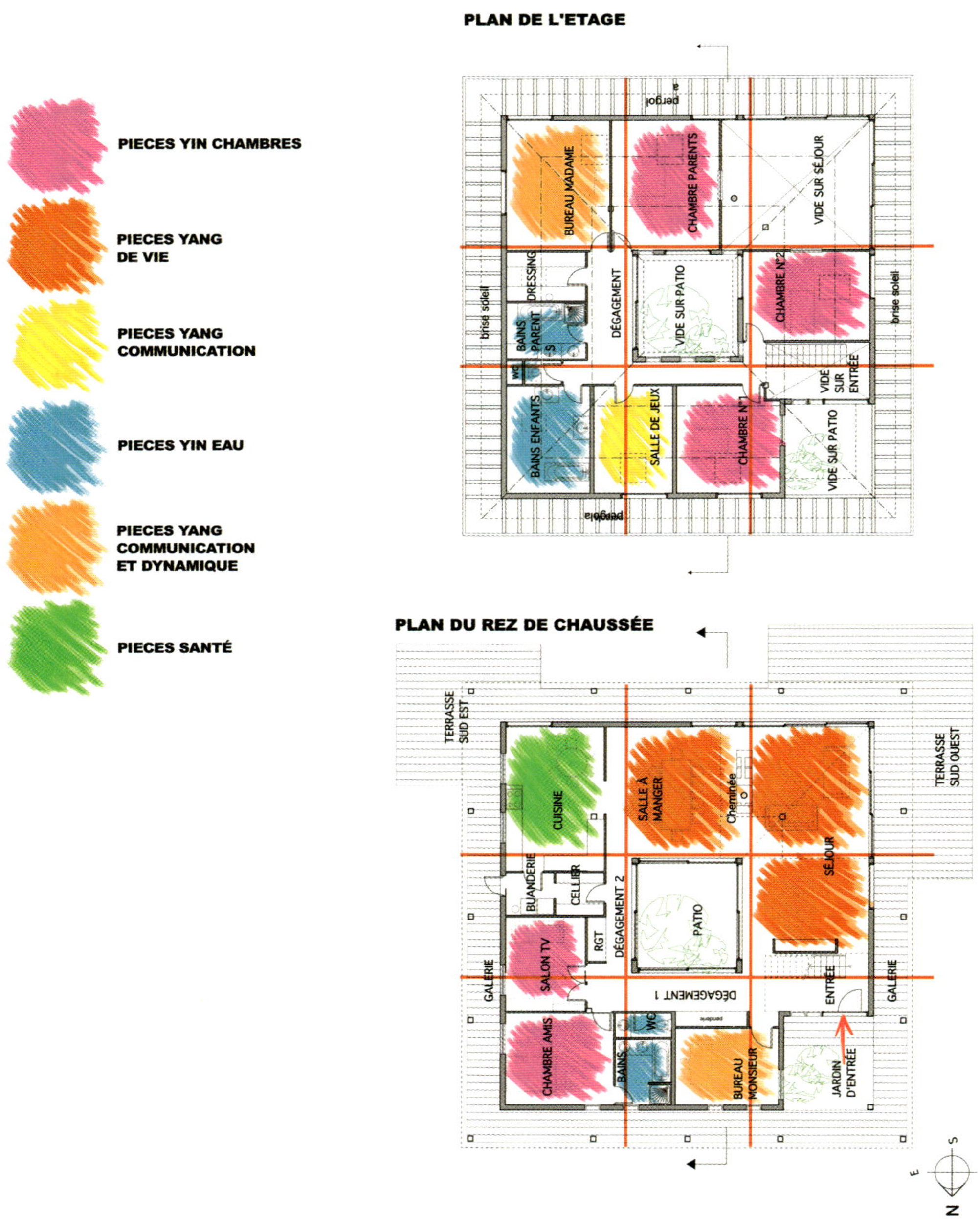

4 – LES COULEURS

Apprenez à ressentir la vibration de chacune des couleurs pour mieux les utiliser en fonction de :

- la pièce (salon, chambre...),
- la zone (amour, santé/famille...),
- l'orientation (le nord a plutôt besoin d'être dynamisé, le sud peut être soutenu ou réduit, etc.).

On ne prendra pas en compte seulement la couleur, mais aussi son aspect, mat ou satiné, le type de peinture utilisé, le rendu souhaité (lisse, rugueux, épais...) et sa coloration, pâle ou foncée. Tous ces éléments vont bien sûr jouer et renforcer ou atténuer l'aspect yang ou yin de la couleur, et donc son incidence. Une couleur rouge vif ne présentera pas la même vibration qu'un rouge pâle léger. Encore une fois, c'est à vous de ressentir l'effet que vous souhaitez dans la pièce concernée pour adapter au mieux la couleur.

J'ai choisi les couleurs de chaque pièce de ma maison en fonction des goûts de la famille, de l'orientation, de la zone du bagua et du type de pièce.

Concernant les salles de bains et les W-C, j'ai conservé le principe de l'eau et suis restée dans un mélange de blanc, bleu ou vert pour ne pas créer de conflit supplémentaire.

Les espaces de vie étant assez volumineux, j'ai opté pour un blanc très yang sur lambris bois – cette couleur est censée aussi apporter une dimension esthétique « coloniale » (l'esprit de la maison) –, pour pouvoir ensuite jouer sur les couleurs dans les symboliques aux murs, les bibelots, les meubles...

La cuisine étant voulue comme un espace très convivial, le jaune s'est imposé, réchauffant encore l'orientation sud-est. Comme c'est la zone abondance générale de la maison, j'y ai ajouté du vert pour sa bonne dynamique – mais il n'y a surtout pas de rouge, parce que cet espace est dédié à la santé.

Le salon avec télévision, en zone santé/famille et à l'est, a une base d'un jaune très clair pour la communication et des meubles très colorés pour alimenter la zone.

Le bureau au nord-ouest est paré d'une couleur jaune orangé, qui réchauffe donc l'orientation plutôt froide du nord et pas suffisamment dynamique de l'ouest et apporte du mouvement.

La chambre d'amis, au nord-est, reste assez neutre en bois blanc et est juste réchauffée par du rose.

Pour les chambres des enfants, j'ai joué avec les couleurs qu'ils ont choisies et je les ai disposées en fonction du sous-bagua de leur chambre (rose/bleu/blanc et bleu/vert/rouge). Ils souhaitaient par exemple du bleu tous les deux ; cette couleur a donc recouvert leur mur carrière (eau) mais certainement pas leur mur réputation (feu).

La salle de jeux, au nord, a été réchauffée par du jaune assez fort sur les murs, car c'est un espace de vie important pour les enfants.

La chambre parentale joue avec un rose-pêche relevé de rouge.

Enfin, le bureau au sud-est est lui aussi d'un jaune très clair, comme le salon avec télévision du rez-de-chaussée, pour développer encore l'aspect communication et vitalité qui est déjà induit par une orientation cardinale très dynamique (sud-est).

a) Les couleurs yang

- Jaune : c'est la couleur de la communication par excellence. Elle inspire la convivialité, les échanges et la communication. Elle sera donc très positive dans le salon et la salle à manger, où elle va favoriser les échanges familiaux. Elle est idéale aussi dans une cuisine. N'utilisez pas trop de jaune dans une chambre, pour éviter trop de conversations dans un espace dédié au sommeil.

- Orange : si vous voulez du changement, optez pour cette couleur, mais prenez votre temps car l'effet est radical. La couleur orange est celle de l'énergie et d'un mouvement constant. Gare à l'instabilité si vous retapissez votre habitation en orange ! Cette couleur est à utiliser par petites touches, dans une entrée par exemple.

- Rouge : passion, énergie physique, le rouge favorisera votre expansion et votre réputation. Vos amours aussi. N'en abusez pas, il pourrait vous épuiser. Il est à éviter notamment dans la zone santé/famille.

- Rose : c'est la couleur de l'amour. Il peut être plus soutenu ou plus rosé selon les goûts. Cette couleur est bien sûr idéale dans une chambre à coucher : elle y déposera ses vibrations de douceur et d'harmonie, essentielles dans un couple.

- Blanc : couleur assez neutre qui permet d'accueillir d'autres couleurs plus vives. Seule, apporte plutôt du vide et de l'attente. A éviter dans une chambre de couple.

b) Les couleurs yin

- Vert : il vous apportera de la fraîcheur, de la vitalité et du renouveau, mais tout en douceur comparé à l'orange. Son énergie d'expansion est aussi intimement liée à celle de l'argent et de l'abondance. Les dollars américains sont verts !

- Bleu : représentation de l'eau, il vous apporte la profondeur et la tranquillité, mais aussi, à l'excès, il peut vous renfermer sur vous-même. Il devra être utilisé avec parcimonie et avec des touches d'autres couleurs pour relever sa profondeur.

- Violet : il favorisera votre intuition mais vous déconnectera de la réalité. Il est à mélanger avec d'autres couleurs pour éviter son manque d'ancrage.

- Marron : stabilité, ancrage, tradition sont autant de qualités qu'apportera cette couleur. Trop de marron vous enfermera dans vos acquis et risquera de vous faire stagner. Cette couleur est à utiliser dans des teintes les plus claires possible, pour ne pas se fermer à la nouveauté et résister à la routine quotidienne.

- Gris : il est à utiliser avec modération. Il véhicule le doute, l'ennui, la banalité, bref, il n'a rien de bien attrayant. Si vous êtes fan de cette couleur, relevez-la de touches colorées.

- Noir : c'est la peur, l'angoisse, voire la destruction qui vont s'emparer de votre habitation si elle baigne dans cette couleur. Le noir laqué, en revanche, apporte luxe et élégance.

5 – LA LUMIÈRE

La lumière est aussi un élément important à prendre en compte. Tel ou tel éclairage va aider à dynamiser une zone et aussi à créer une ambiance particulière.

On peut distinguer quatre types d'éclairage : l'éclairage direct, l'éclairage vers le plafond, l'éclairage indirect et les bougies.

a) L'éclairage direct

C'est l'éclairage yang par excellence, qui va éclairer un endroit précis, depuis plafond en général. C'est la fameuse applique au-dessus de la table de la salle à manger ou du plan de travail de la cuisine. Cet éclairage sera donc à privilégier de préférence dans une pièce où l'on souhaite conserver les idées claires et une logique pratique (salle à manger, bureau, cuisine, entrée) ; il va apporter de l'ancrage et de la stabilité et donner une ambiance plus yang de toute façon.

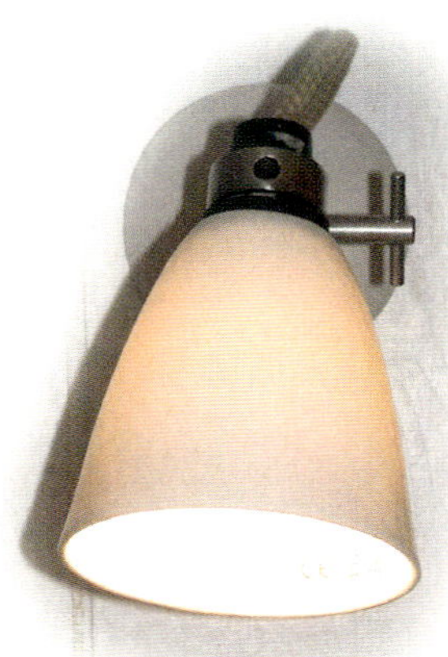

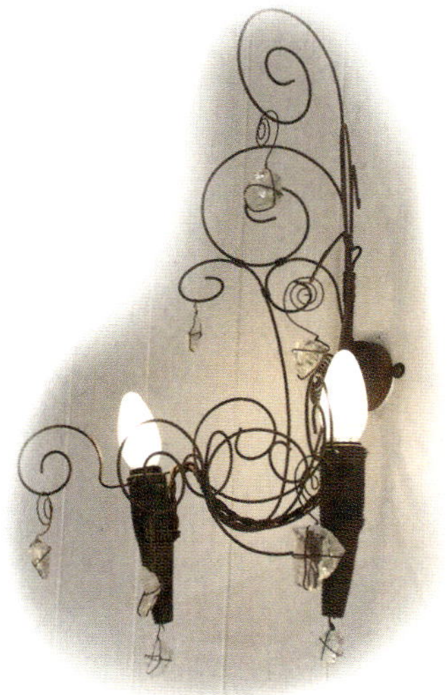

b) L'éclairage vers le plafond

Cet éclairage, qu'on pourrait caractériser d'élevant, est celui qui va éclairer le plafond, comme un halogène, un lustre ou encore des spots. Il va dynamiser toute zone où il se trouve et réduire la lourdeur éventuelle, puisqu'il balaye la lumière de bas en haut et éclaire tout le plafond. Il est notamment très intéressant dans des pièces où le plafond est trop bas. Cet éclairage est idéal dans une entrée, où il pourra être couplé avec un éclairage direct, de même dans une salle à manger. Il peut aussi être utilisé dans une chambre. Il ne faut pas qu'il soit le seul éclairage dans une pièce où il est nécessaire de conserver un bon ancrage (cuisine ou bureau), ni dans le salon, qui nécessite plusieurs points d'éclairage.

c) L'éclairage indirect

L'éclairage indirect, de type yin, va se composer d'une multitude de points lumineux, comme des lampes de chevet, des boules lumineuses... Il participe à la création d'une ambiance, nécessaire notamment dans un salon ou encore une chambre, qui aidera à la détente, au repos ou à la convivialité. On éclairera de toute façon de manière plus importante les zones réputation, abondance et amour.

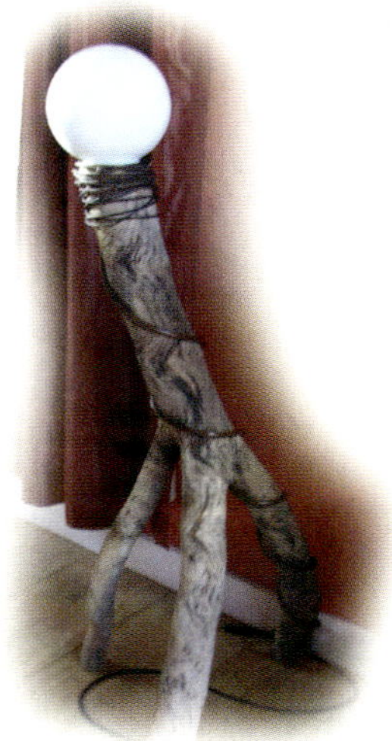

d) Les bougies

Les bougies sont parfaites pour créer une ambiance tamisée propice à la détente. Elles contribueront notamment à purifier l'atmosphère. Elles sont donc à utiliser avant un dîner ou une soirée entre amis – allumez les bougies une demi-heure environ avant l'arrivée de vos invités. Elles pourront également être utilisées en complément d'autres sources lumineuses propices elles aussi à une convivialité et à une détente assurées. En revanche, il faut bien sûr éviter les bougies bleues, puisque cette couleur est la symbolique de l'eau ; préférez d'autres couleurs en fonction des objectifs et de la zone où elles se trouvent.

6 – LES ODEURS

Pourquoi passer autant de temps à décorer son chez-soi, à trouver la disposition la plus juste pour un idéal esthétique, à essayer d'avoir le plus beau, le plus agréable des intérieurs, ou encore celui qui nous correspond le plus – pourquoi, sinon pour son bien-être le plus total et avoir plaisir à se trouver chez soi ?

Mais comment faire pour que l'ambiance de votre intérieur soit la plus adaptée et la plus agréable pour chaque situation ? Et bénéficier d'une énergie dynamique, créatrice le matin, détendue le soir, la plus accueillante possible quand vous recevez ?

En plus des éléments vus précédemment, telles la déco ou encore la lumière, les odeurs participent elles aussi à la création d'une ambiance et d'un bien-être particuliers. Sans compter qu'elles peuvent être très importantes pour la purification d'un lieu et son « nettoyage énergétique ». C'est pourquoi leur rôle devient très important dans la pratique du feng shui.

Ce bien-être trouvé ou retrouvé vous aidera ainsi très certainement à mettre en place vos aménagements feng shui et à lâcher prise sur le résultat.

L'aromathérapie est connue de tout le monde aujourd'hui, et les qualités des huiles essentielles sont avérées pour aider à soigner et à calmer les tensions. On pourra utiliser les huiles essentielles non seulement pour soi, pour se sentir mieux, mais également pour sa propre habitation, pour lui apporter l'énergie dont elle a besoin. Pensons également à l'encens, naturel de préférence, pour aider à se relaxer en fin de journée et à accueillir le soir avec plus de sérénité.

Voici quelques astuces pour chez vous :

- **Essayez au maximum d'utiliser des diffuseurs,** qui conserveront aux huiles essentielles toutes leurs propriétés vibratoires – l'important étant d'en diffuser régulièrement et à bon escient.
- **Si vous souhaitez détendre une atmosphère chargée de stress et d'anxiété,** utilisez des essences de bergamote, camomille, géranium ou lavande.
- **Si vous désirez atténuer la colère ambiante due à une dispute,** les essences de bergamote, camomille, cyprès ou ylang-ylang seront parfaites.

- **Au contraire, si vous voulez donner de l'énergie,** le citron ou le pamplemousse feront l'affaire.
- La rose, le gingembre et l'ylang-ylang pourront vous aider à **rendre une atmosphère propice à des relations intimes** avec votre partenaire (à utiliser dans votre zone amour par excellence, c'est-à-dire votre chambre).
- Le géranium et l'orange permettent **une ouverture de cœur intéressante et une libération des énergies négatives** (surtout l'orange) ; les privilégier pour des ambiances détendues et très conviviales.

De nombreuses autres essences existent, et vous pouvez en mélanger deux ou trois dans le même diffuseur. Utilisez des huiles essentielles le matin dans l'entrée pour dynamiser, le soir dans le salon pour adoucir. Les possibilités sont illimitées.

Alors amusez-vous bien !

Ce qu'il faut

1 – **Précisions** sur l'ensemble des pièces de votre habitation et leur utilité

À TRAVERS L'ÉTUDE DES DIFFÉRENTES ZONES, NOUS AVONS MIS EN ÉVIDENCE L'IMPORTANCE PLUS ACCRUE DE L'ENTRÉE, DE LA CHAMBRE ET DE LA CUISINE, PARCE QUE CES PIÈCES CONCERNENT RESPECTIVEMENT LES ZONES RÉPUTATION, AMOUR ET SANTÉ/FAMILLE. MAIS IL EST ÉVIDENT QUE TOUTES LES AUTRES PIÈCES DE VOTRE HABITATION MÉRITENT VOTRE ATTENTION.

Séparer les zones yang des zones yin

Il est d'abord judicieux de séparer les zones yang d'un espace social (entrée, salon/salle à manger, bureau) des zones yin qui concernent la vie intime (chambres à coucher, salles de bains), soit en leur attribuant deux étages distincts, soit en les agençant d'un bout à l'autre de l'appartement, cela pour éviter aux activités professionnelles d'envahir le repos familial, notamment.

Le bureau

Il est la représentation du chef de famille et doit donc être aménagé en conséquence, c'est-à-dire bénéficier d'un agencement plutôt yang et être en dehors du chi – l'avenir de la famille en dépend.

retenir

La salle à manger

Pièce où toute la famille se retrouve pour prendre les repas, elle se doit d'être très conviviale. C'est un lieu d'échanges privilégié qu'il faut travailler dans ce sens : des couleurs proches du jaune, de l'ocre jaune seront l'idéal. Beaucoup de lumière aideront à dynamiser l'ensemble.

Le salon

Plus axé sur la réputation et votre vie sociale, il doit être connecté à votre entrée avec des touches de même couleur. Trouvez un bon équilibre entre le yang nécessaire aux affaires et le yin propice à une bonne détente dans son canapé.

La salle de bains

C'est une pièce yin par excellence, dans laquelle le vert, le bleu et le blanc sont parfaits. Évitez d'y introduire du rouge ou des couleurs orangé trop foncées qui provoqueraient un conflit avec l'eau, et donc des difficultés supplémentaires dans la zone où se trouve votre salle de bains.

Buanderies, entrepôts, etc.

Ces pièces doivent toujours être rangées et propres.

Les chambres

Préférez une ambiance yin, mais attention aux couleurs trop yin. Vous pouvez parfaitement jouer avec les couleurs yang par touches, ou même en en recouvrant des murs entiers, et apporter le yin par les matières et les lumières. Encore une fois, il faut adapter cet équilibre en fonction de ses goûts personnels, de l'orientation de la pièce et du type de chambre (parentale, d'enfant ou d'amis).

2 – Dans quel ordre **résoudre les problèmes ?**

QUELS QUE SOIENT VOS PROBLÈMES, VOS DIFFICULTÉS, VOTRE DÉSIR DE CHANGER, VOUS AVEZ MIS LE DOIGT SUR DES ÉLÉMENTS DE VOTRE VIE QUI NE VOUS DONNENT PAS ENTIÈRE SATISFACTION. QUE VOUS ENTREPRENIEZ UNE VRAIE DÉMARCHE FENG SHUI COMPLÈTE, VOIRE QUE VOUS DÉCIDIEZ DE FAIRE CONSTRUIRE, COMME MOI, UNE MAISON ENTIÈRE SUR CE CONCEPT, SUIVEZ CES CONSEILS. DES ÉLÉMENTS ET SURTOUT UN ORDRE D'ATTAQUE DOIVENT ÊTRE RESPECTÉS DE TOUTE FAÇON POUR OBTENIR LA PLUS GRANDE EFFICACITÉ.

Agir sur les effets négatifs venant de l'extérieur

Vous devez tout d'abord **agir sur les problèmes venant de l'extérieur,** qu'il s'agisse de voisins un peu trop agressifs, d'une rue très bruyante, etc.

Ranger et se débarrasser des choses inutiles

Ensuite, rangez votre habitation et débarrassez-vous de tout ce que vous n'utilisez pas : vieux vêtements, papiers encombrants, etc. Vous ne vous sentirez jamais aussi bien qu'après un tel rangement ; vous aurez enfin les idées claires, ce qui vous permettra d'aller plus loin dans la démarche.

Aérer et nettoyer

Il faut aérer son habitation au moins une bonne demi-heure tous les jours pour renouveler l'énergie. Il est efficace d'ouvrir une porte à l'est et une autre à l'ouest, si cela est possible évidemment. Nettoyer régulièrement son habitation enlèvera bien sûr tout le mauvais chi qui s'accumule. Si la situation l'exige, une purification serait la bienvenue, à réaliser par vous-même ou par quelqu'un de plus compétent.

Analyser la circulation du chi

Vous serez enfin prêt pour démarrer concrètement cette vaste opération de changement qu'est le feng shui. Et la première étape sera de s'attaquer au chi. **C'est une étape essentielle qui peut déjà résoudre nombre de difficultés.** Vous comprendrez enfin pourquoi un de vos enfants ne dort peut-être pas bien ou ne travaille jamais à son bureau !

Utiliser les résultats du test

À partir des résultats du test, **faites un état des lieux de vos zones en difficulté et repérez tout ce qui n'est pas feng shui chez vous :** les symboliques négatives, les couleurs, et bien sûr l'état de votre bagua. Dressez la liste de ce que vous aimeriez changer progressivement (certains changements nécessiteront peut-être que vous établissiez un calendrier). Si vous souhaitez par exemple changer toute une chambre d'enfant, votre cuisine ou encore une salle de bains, vous ne pourrez pas tout faire en même temps, et il est de toute façon préférable, je vous le rappelle, de prendre votre temps.

Essayer de retirer tout ce qui est négatif du point de vue feng shui

Avant de toucher éventuellement à la décoration (peinture, etc.), **travaillez dans un premier temps sur les éléments faciles à changer et à enlever.** Il suffit de vous référer aux listes des symboliques les plus positives et les plus négatives de chaque zone du bagua et à la « Liste de ce qu'il faut éviter à tout prix », p. 101).

Dynamiser

Quand les éléments négatifs sont enlevés, **vous pouvez commencer à dynamiser toutes les zones que vous souhaitez meilleures** en changeant les couleurs et en plaçant les symboliques les plus positives.

Lâcher prise sur le résultat

Enfin, oubliez tout ce que vous venez de faire, tout ce à quoi vous avez pensé, et passez à autre chose : **les énergies feront le reste !**

Conclusion

Voilà. J'espère que ce livre vous aura aidé à ouvrir quelques portes… pour une plus grande connaissance de vous-même et de votre environnement.

J'espère aussi que sa lecture aura été facile et amusante, vous permettant d'apprendre les règles de base du feng shui pour relooker votre intérieur et accéder à un plus grand bien-être pour vous et votre famille.

J'espère surtout que vous aurez pris conscience que nous disposons TOUS d'un immense pouvoir, celui de décider de notre avenir quels que soient les évènements que nous vivons.

Alors, arrêtons d'être passifs et réagissons : maîtrisons enfin notre vie pour jouir d'une merveilleuse évolution.

Remerciements

Je remercie une certaine Dominique, qui, sans le savoir, m'a montré la voie du feng shui un jour de décembre...

Je ne remercierai jamais assez mes trois compères Brigitte, Nathalie et Armelle, rencontrées lors de ma formation en feng shui. Tels les quatre mousquetaires, nous avançons et évoluons ensemble depuis maintenant quelques années.
Et je remercie le ciel pour cet enrichissement de tous les instants.

Je remercie aussi Claudia Trédaniel, mon éditrice, pour m'avoir fait confiance dans la publication de ce premier livre ;

Erick et Pascal pour leur aide précieuse dans la réalisation des schémas ;

Alexandra pour avoir si gentiment accepté de rédiger ma préface ;

Et mon époux, Marc, pour sa patience et sa tolérance.

Fiches techniques

La symbolique

Fiche 1

Les cristaux

Agate bleue :	féminité, douceur
Aigue-marine :	dégage l'esprit de toute négativité
Améthyste :	spiritualité, favorise la méditation, la clairvoyance
Argent :	simplicité, féminité
Cristal de roche :	programmation, augmente le taux vibratoire
Diamant :	éternité, amour pur
Émeraude :	clairvoyance
Jade :	beauté
Or :	abondance et richesse
Quartz rose :	guérison et ouverture de cœur
Rubis :	passion
Saphir :	paix de l'esprit
Turquoise :	santé et protection

Fiche 2

Les arbres

Amandier :	abondance
Aubépine :	guérison et amour
Alne :	courage
Bambou :	prospérité et richesse
Bois de santal :	spiritualité
Chêne :	courage, foi
Cyprès :	élimination du stress
Érable :	vitalité
If :	renaissance
Marronnier :	force et protection
Olivier :	paix et guérison
Pin :	purification
Peuplier :	protection
Pommier et prunier :	amour
Saule :	intuition

Fiche 3

Les huiles essentielles

Basilic :	énergie et élimination du stress
Bois de santal :	spiritualité, expression de soi
Citron :	clarification des pensées
Eucalyptus :	purificateur
Fleur d'oranger :	douceur et féminité
Genévrier :	purificateur
Géranium :	harmonise les émotions
Lavande :	douceur et élimination du stress
Orange :	joie
Romarin :	purificateur
Rose :	guérison
Sauge :	purificateur très puissant
Ylang-ylang :	sensualité

Fiche 4

Les fleurs

Chrysanthème :	joie de vivre
Gerbera :	bonheur et abondance
Iris :	spiritualité et créativité
Jasmin :	sensualité et beauté
Lys :	pureté
Marguerite :	simplicité et clarté
Orchidée :	spiritualité
Pensée :	simplicité
Rose :	amour, tendresse ou passion selon la couleur
Tournesol :	confiance, courage
Tulipe :	simplicité et honnêteté
Violette :	modestie et douceur

Annexes

Les plans

Zone abondance

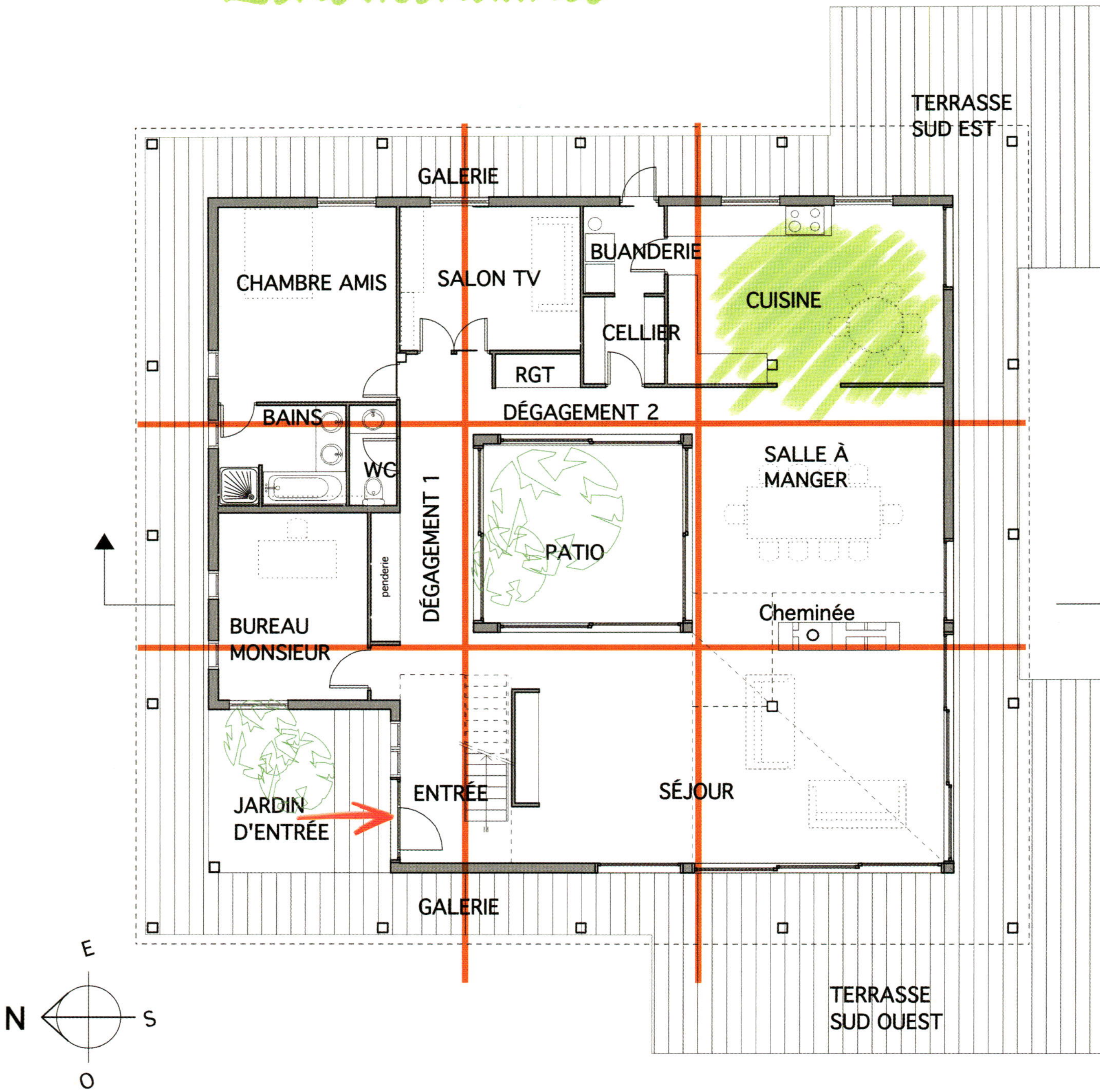

Zone abondance

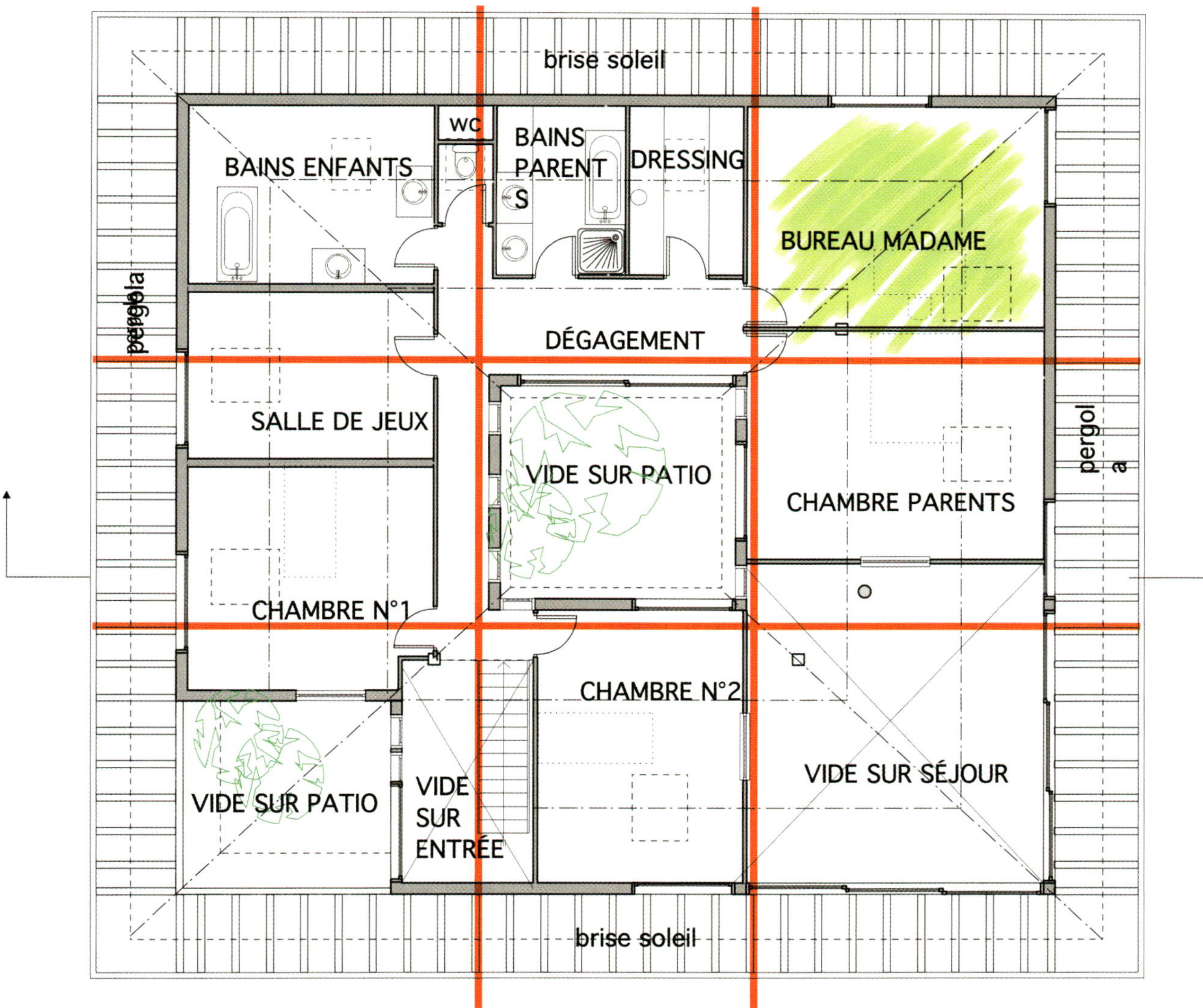

Zone réputation

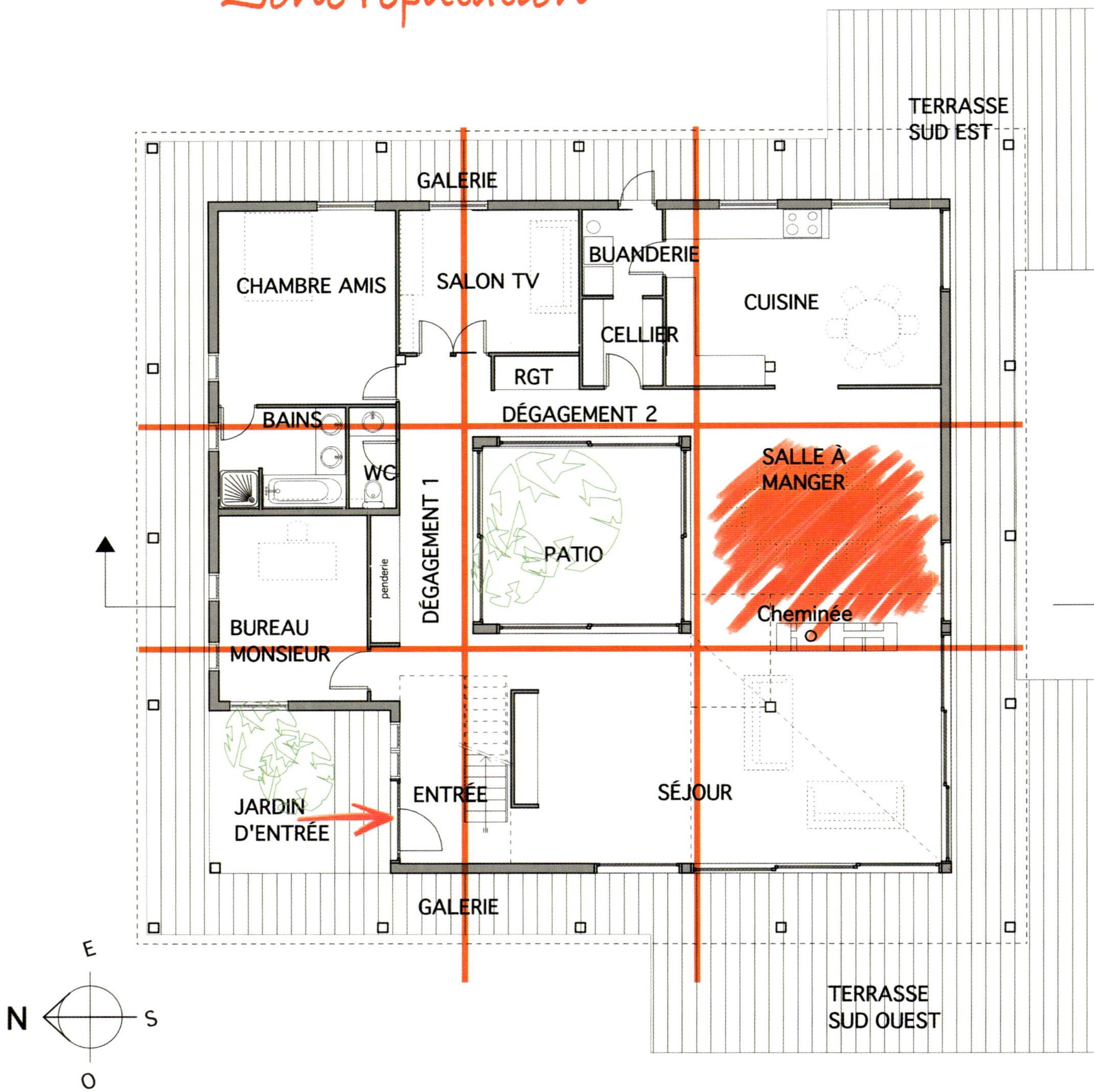

Zone réputation

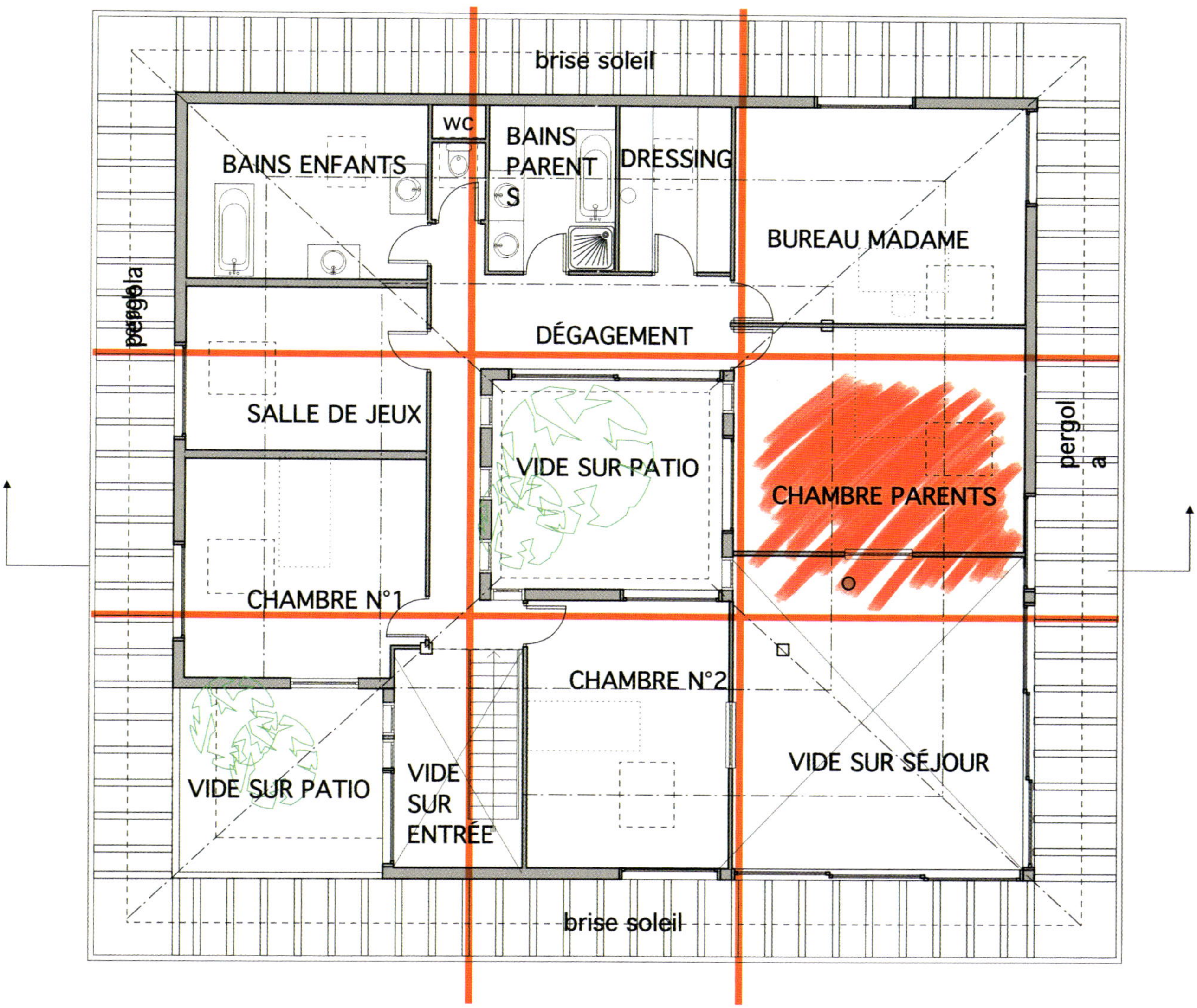

Zone amour

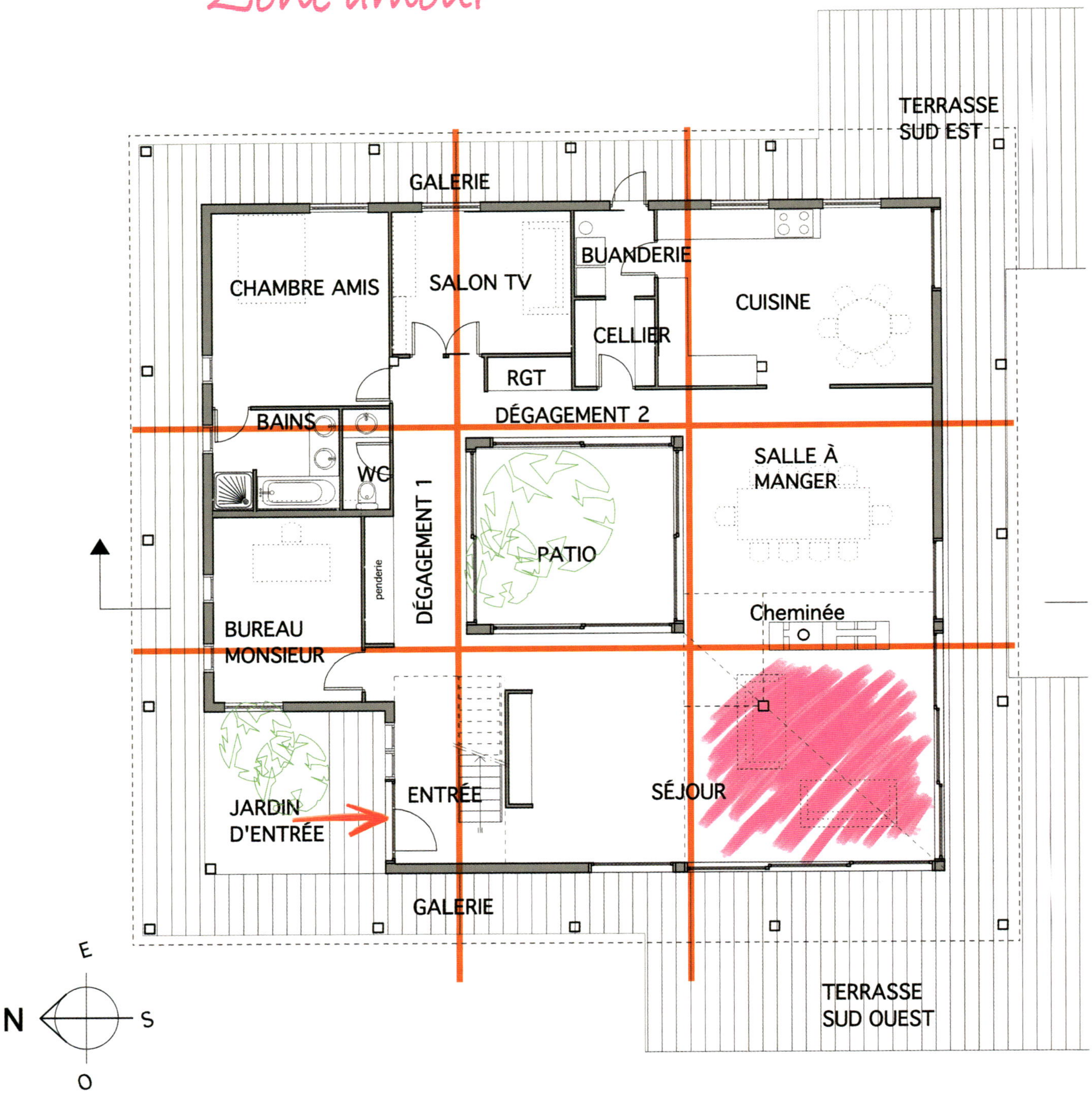
TERRASSE
SUD EST
GALERIE
CHAMBRE AMIS
SALON TV
BUANDERIE
CUISINE
CELLIER
RGT
DÉGAGEMENT 2
BAINS
WC
SALLE À
MANGER
DÉGAGEMENT 1
penderie
PATIO
Cheminée
BUREAU
MONSIEUR
ENTRÉE
SÉJOUR
JARDIN
D'ENTRÉE
GALERIE
TERRASSE
SUD OUEST
E
N
S
O

Zone amour

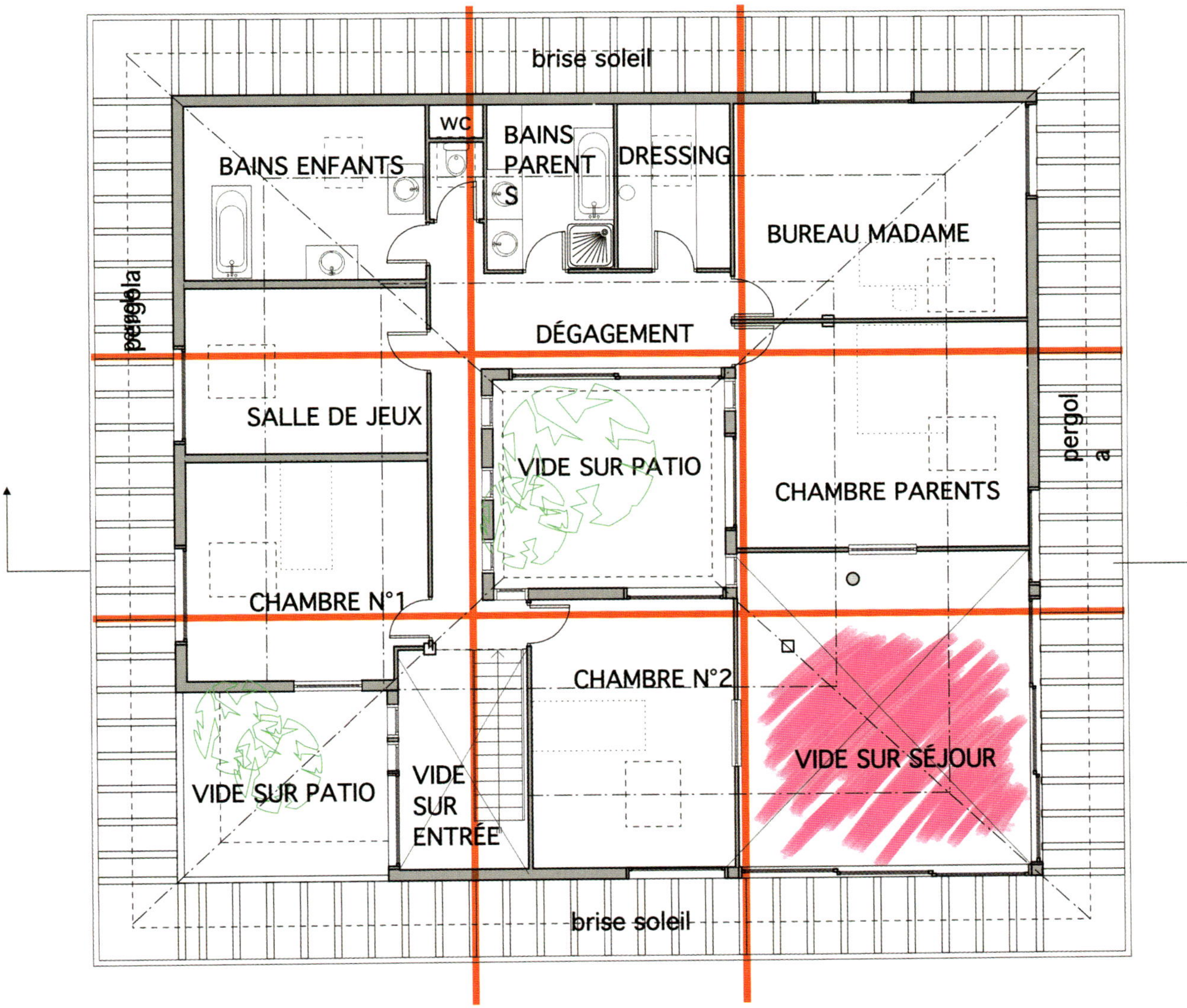

brise soleil
WC
BAINS ENFANTS
BAINS PARENTS
DRESSING
BUREAU MADAME
pergola
DÉGAGEMENT
SALLE DE JEUX
VIDE SUR PATIO
CHAMBRE PARENTS
pergola
CHAMBRE N°1
CHAMBRE N°2
VIDE SUR PATIO
VIDE SUR ENTRÉE
VIDE SUR SÉJOUR
brise soleil

Zone projets/enfants

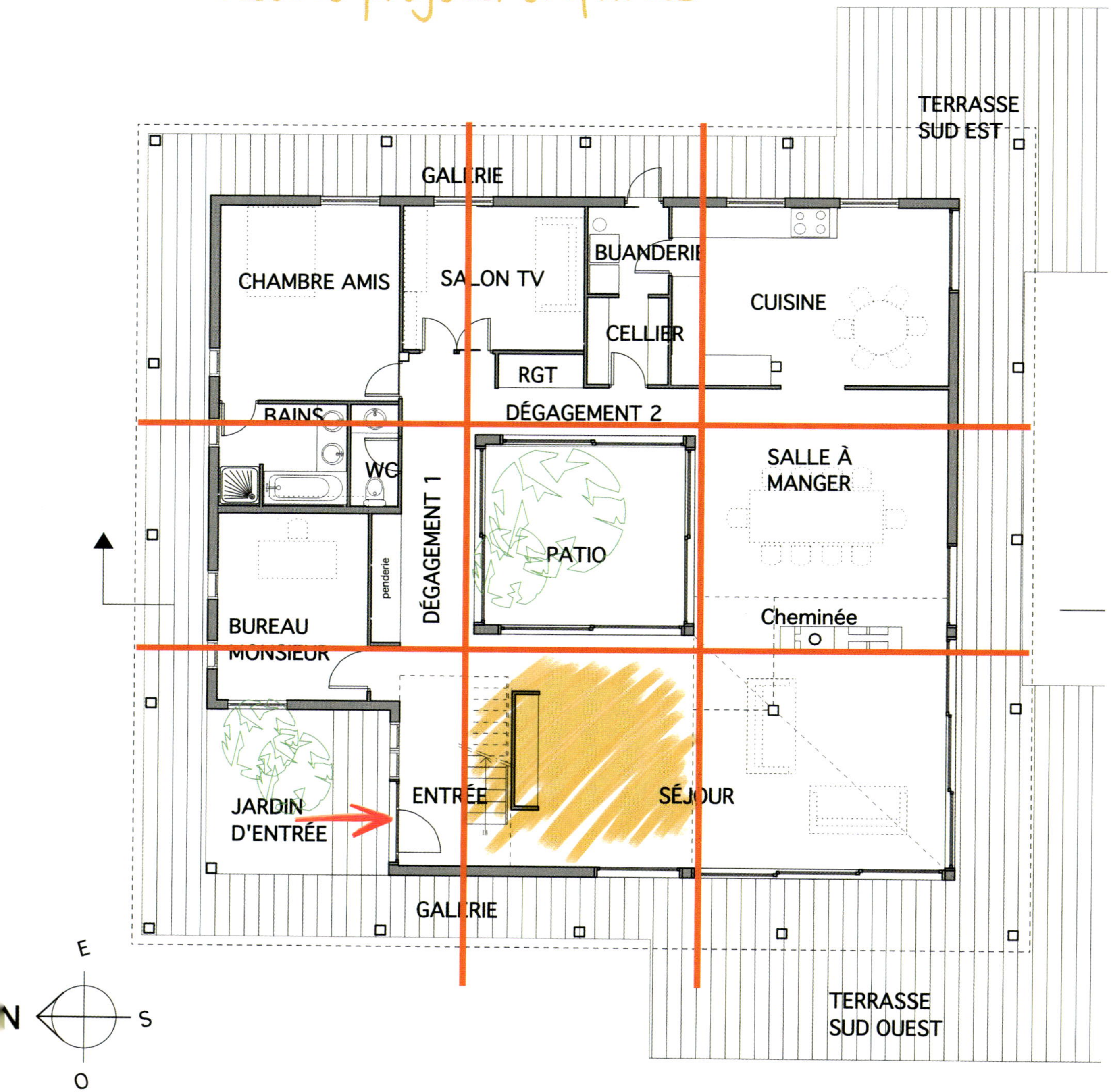

Zone projets/enfants

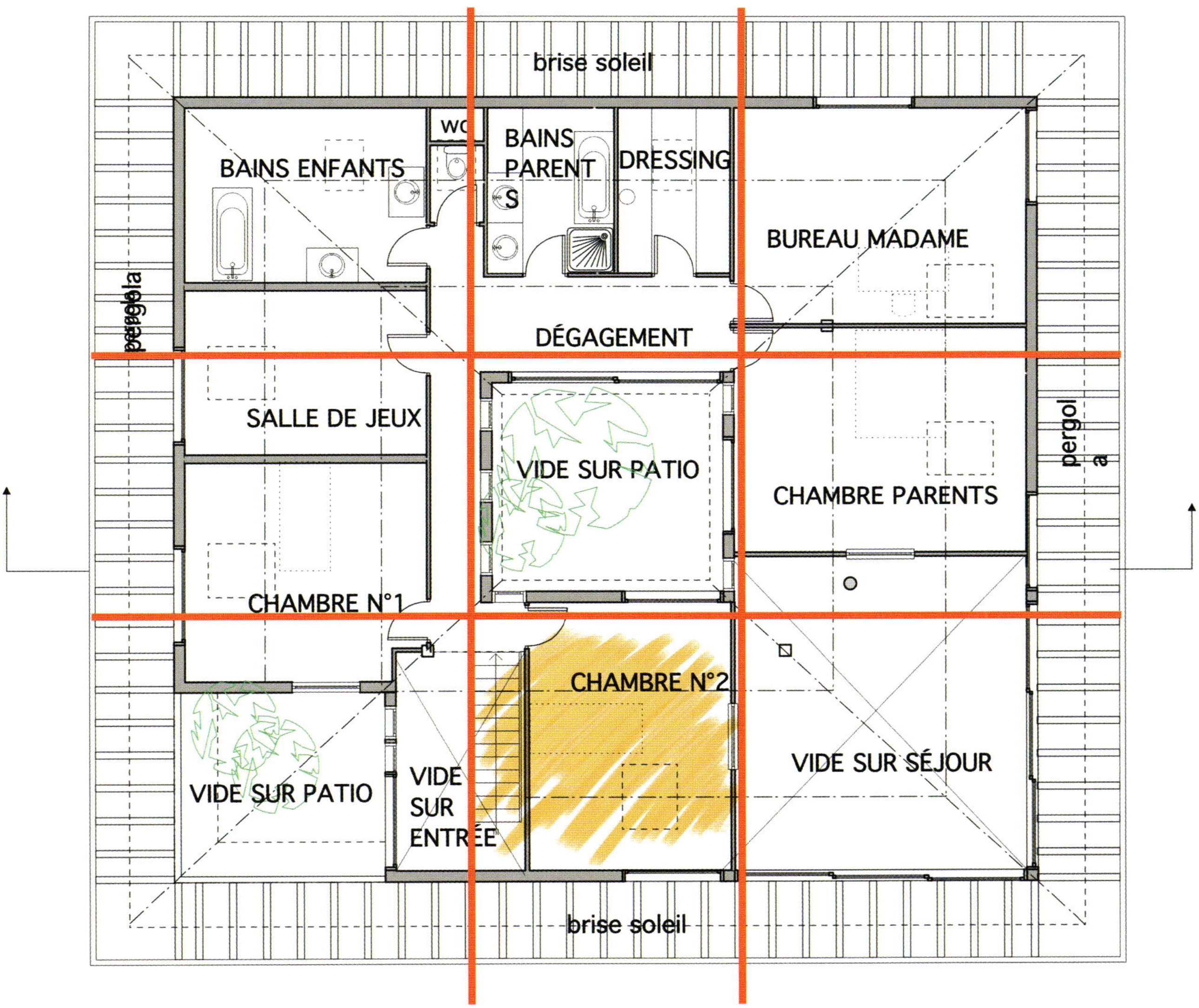

Zone aide extérieure

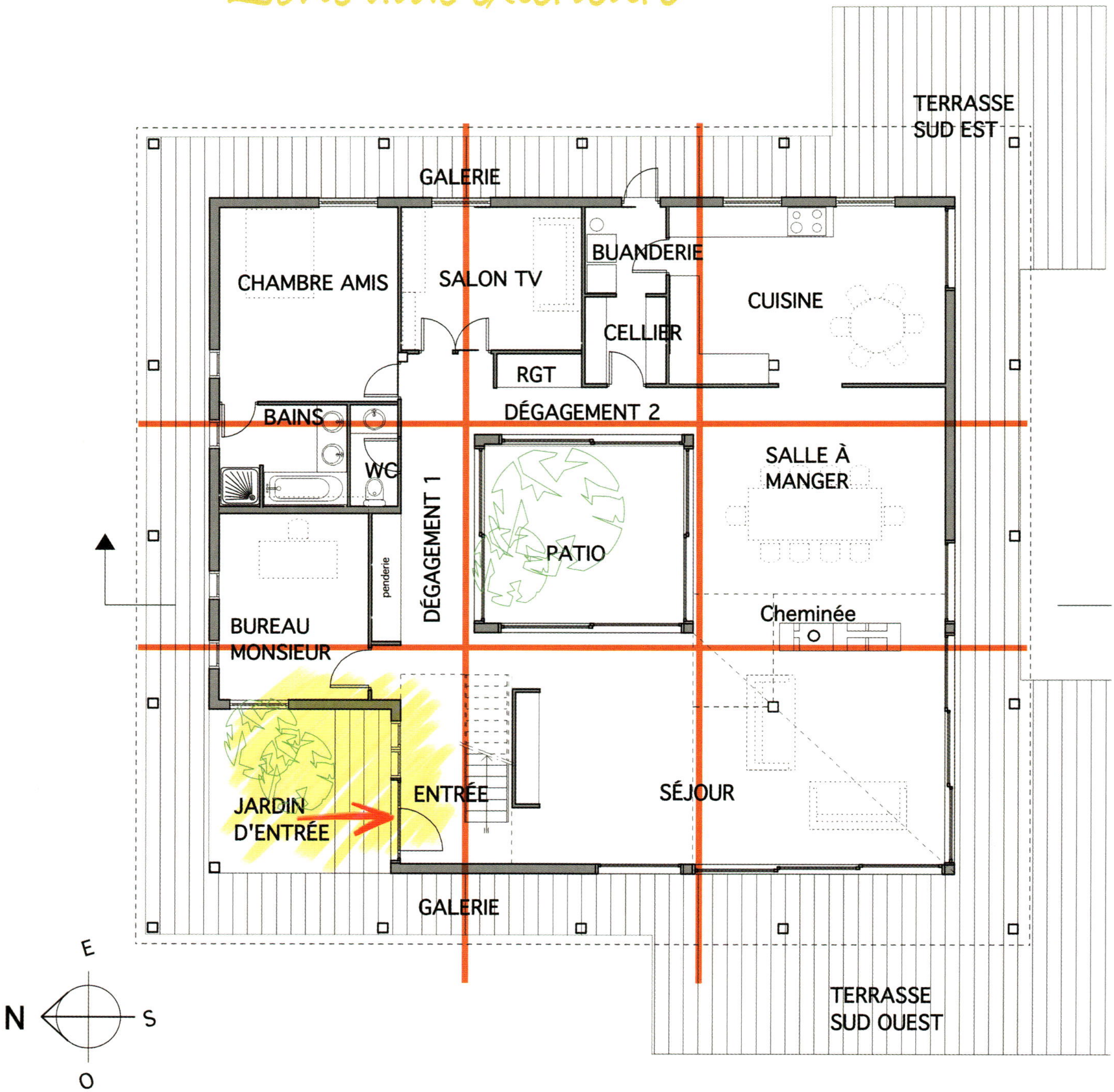

Zone aide extérieure

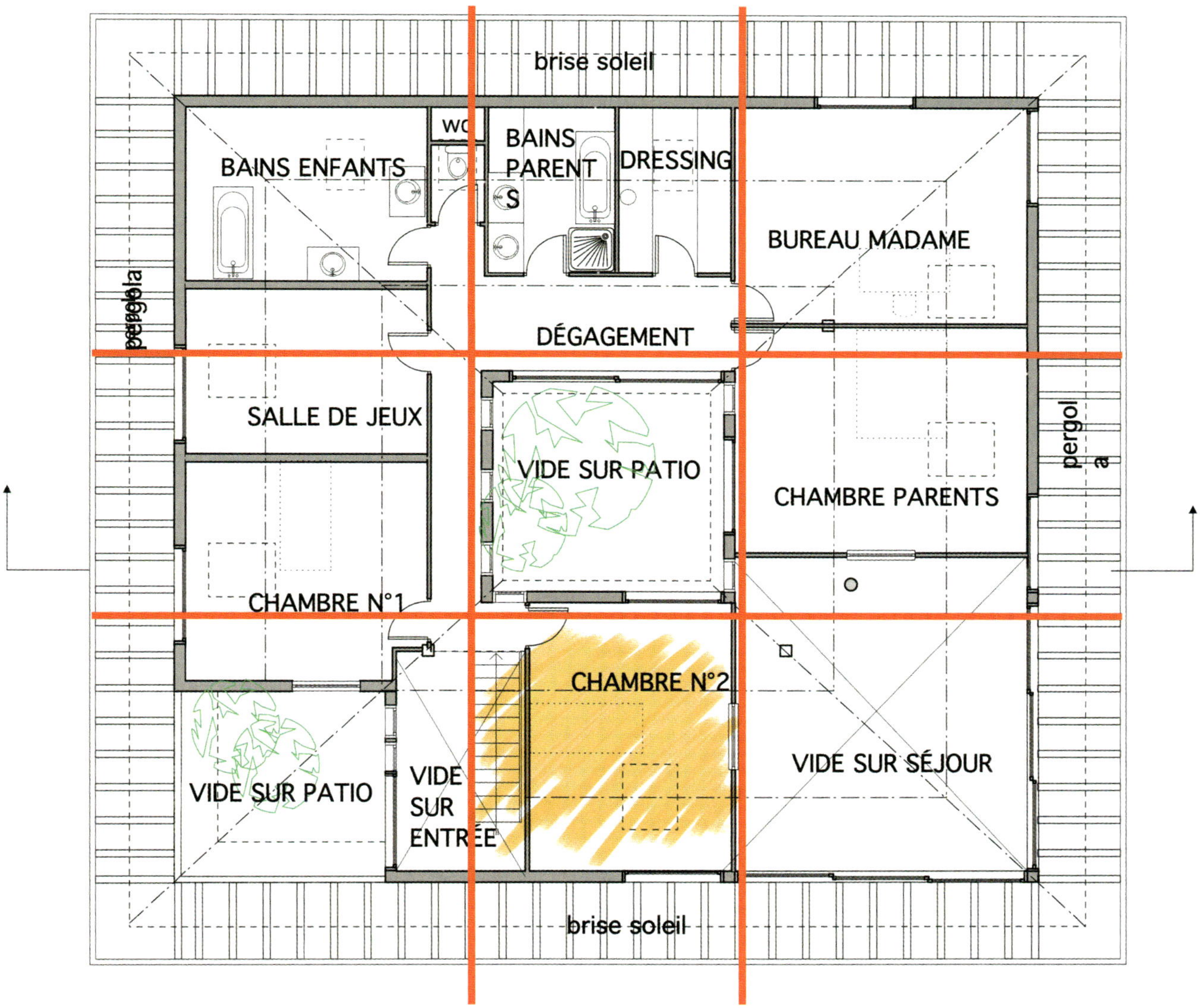

Zone carrière

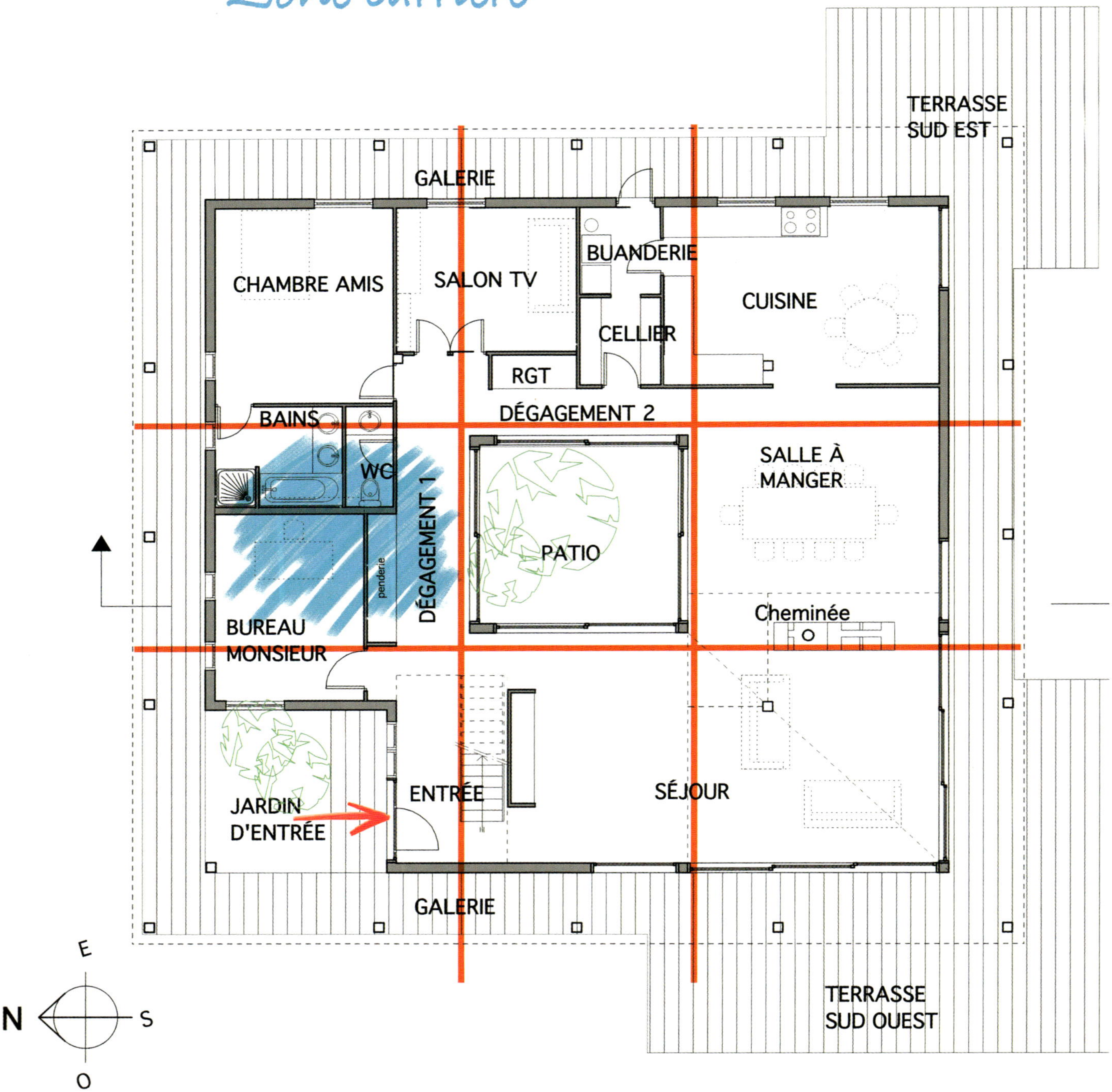

Zone carrière

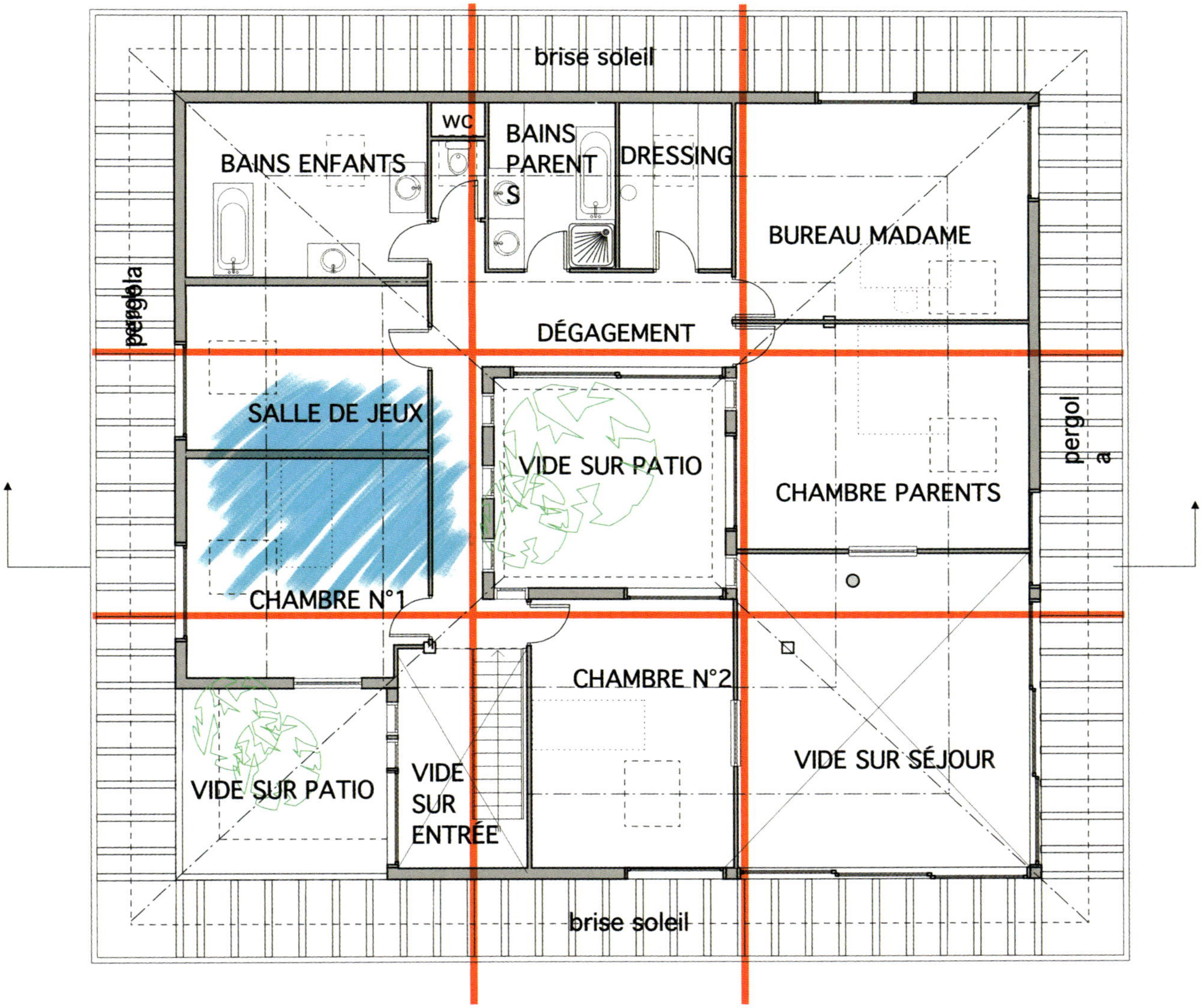

Zone santé/famille

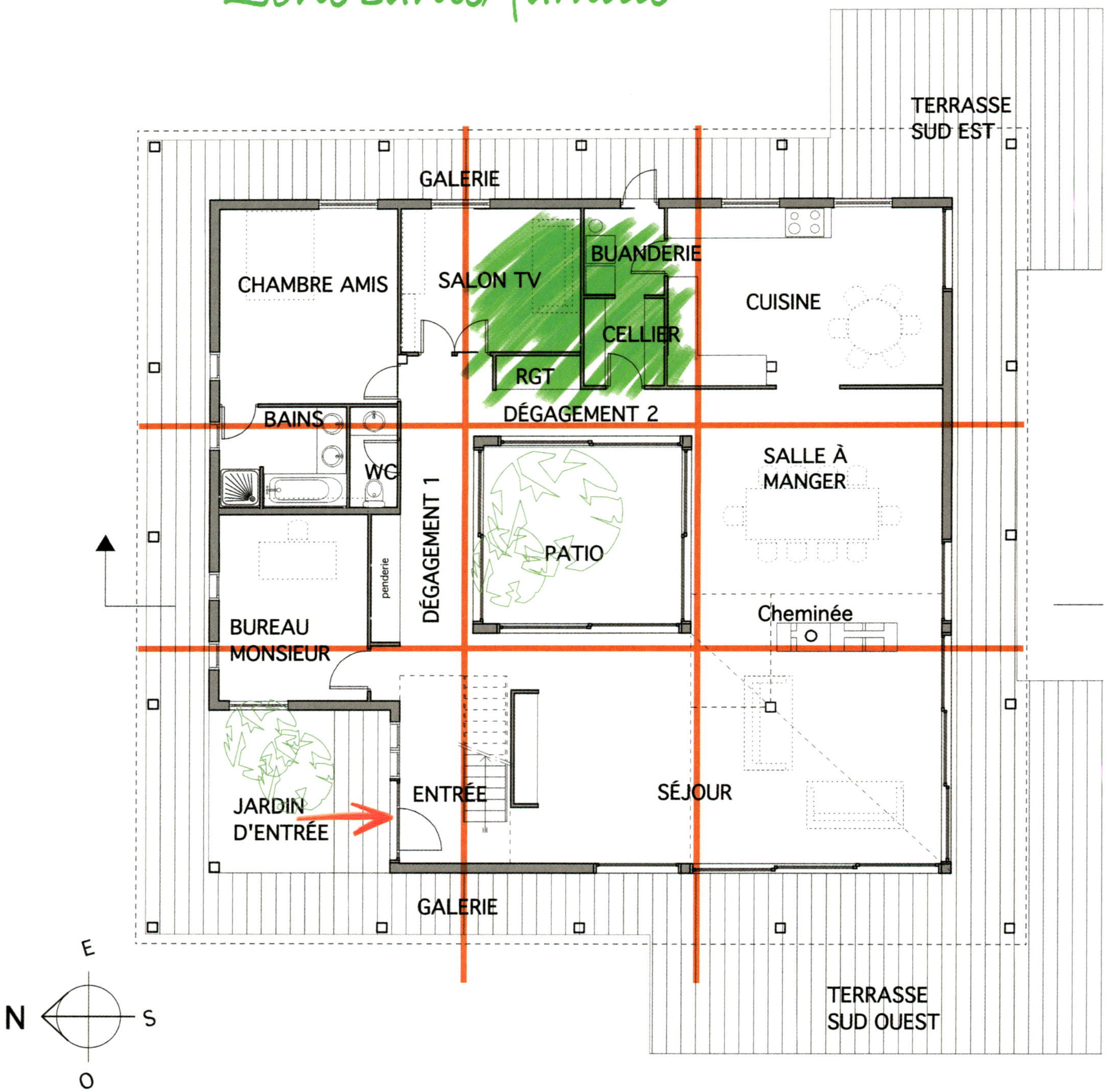

Zone santé/famille

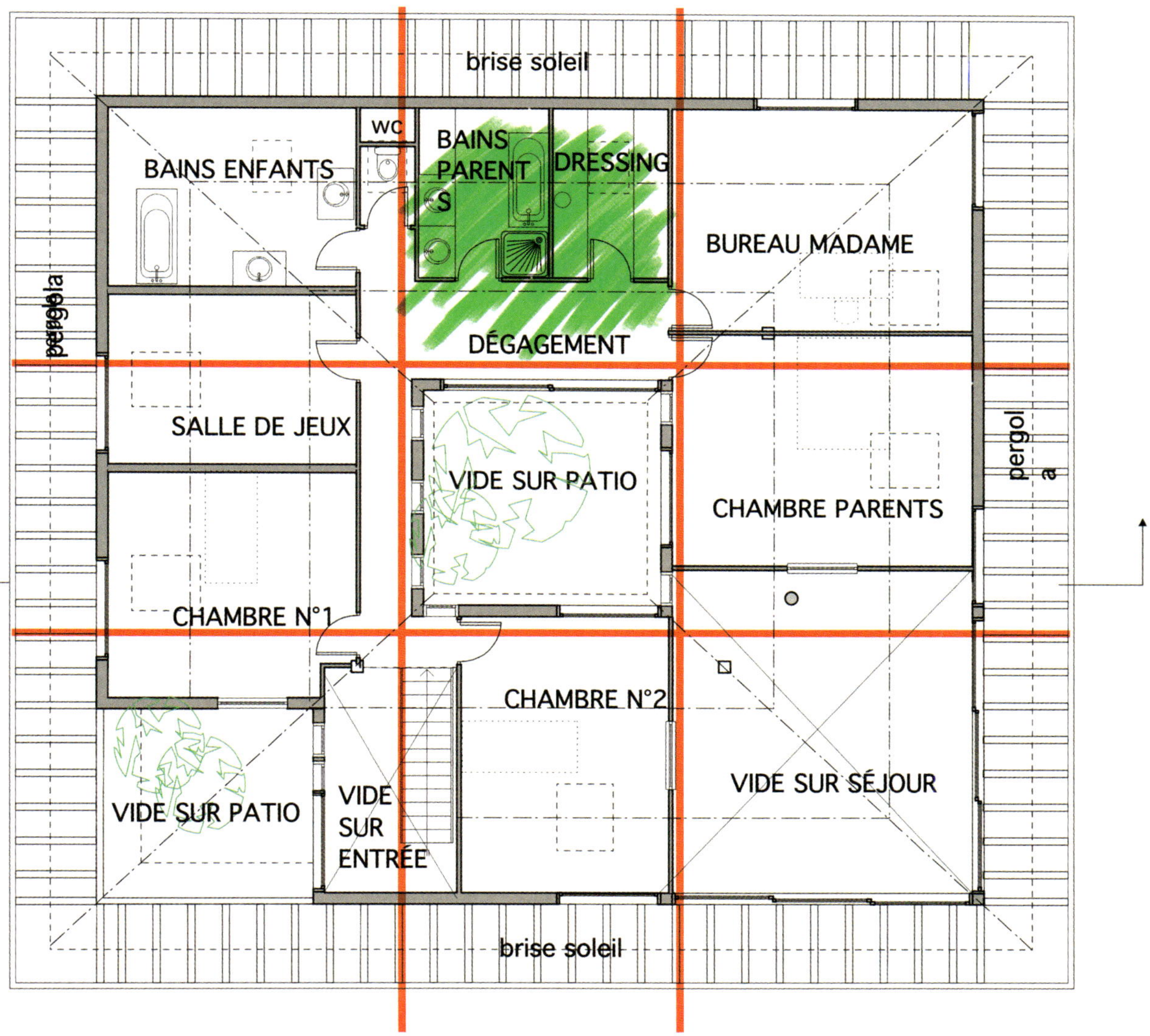

Zone connaissance

Zone connaissance

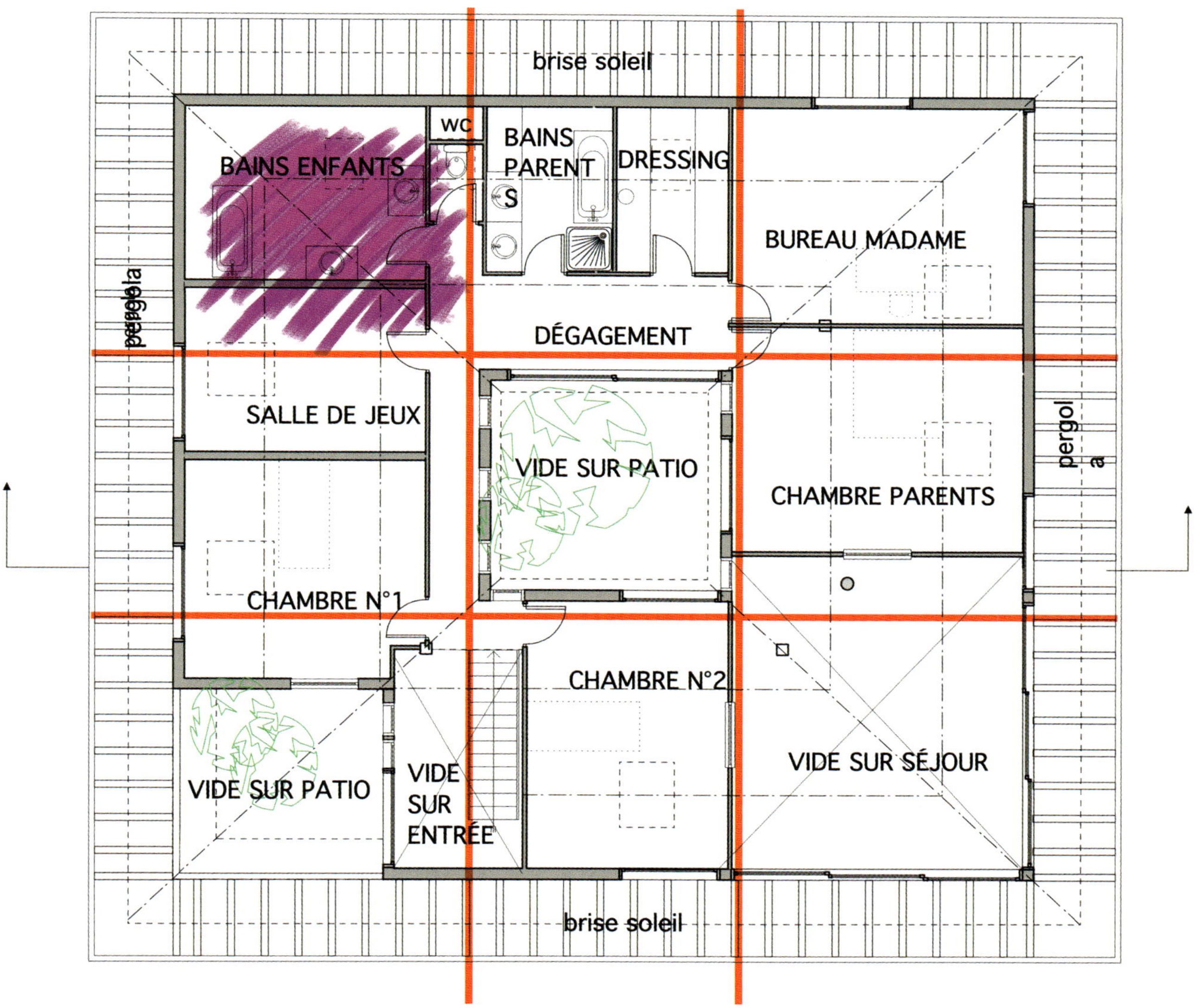

Pour contacter l'auteur :

fengshuidujardin@orange.fr
www.laurencedujardin.com